김성은 에세이

한 뼘만 같이 걸을까요?

서아책방

응원하는 분들

김만호 김용우 김종익 김현비 박수훈 박진수 박연주 박채연 백동현
노세은 안승일 양동엽 오원일 이재철 이호경 전동근 조형준 최다성
최영길 최혜원 최정민 최현정 하지민

이 책은 판매수익의 일부를 코로나19 극복을 위하여 사회에 기부합니다.

이 도서의 국립중앙도서관 출판예정도서목록(CIP)은 서지정보유통지원시스템 홈페이지(http://seoji.nl.go.kr)와 국가자료공동목록시스템(http://www.nl.go.kr/kolisnet)에서 이용하실 수 있습니다.

한 뼘만 같이 걸을까요?

서아책방

삶은 쉬운 틈을 허락하지 않았다.
애통함은 길고 환희는 찰나였다.

책을 쓰는 동안
누군가에게 작은 위로가 되길 바랐다.

어렵게 이어온 날갯짓이
더운 날 시원한 바람과 같기를 꿈꾸며,
한 글자, 한 문장에 온 마음을 담았다.

사람 김성은을 여행하는 당신에게
능선과 평야가 한 눈에 보여지면 좋겠다.

눈부시고 향기로운 길이 펼쳐졌으면 좋겠다.

차례

1부 **낡고 힘든 기억**

1993년 12 / 많이 걷는 아이 16 / 꿈은 클수록 좋다 18
/ 낡고 힘든 기억 20

2부 **순풍산부인과**

다섯 살의 인성교육 30 / 잘 되면 좋겠다 34
/ 미달이었다 36 / 대가가 따르는 법 40
/ 순풍산부인과 part 1 44 / 국어대백과사전 48
/ 사랑한다면 보듬어주세요 50 / 순풍산부인과 part 2 52

3부 **아오테아로아**

칭찬의 부작용 62 / 탈출구 : 유학 66 / 아오테아로아 72
세 번째 부인이 낳은 딸 76

4부 모양이 다른 고통

모양이 다른 고통 86 / 엄마는 아무것도 못 해? 92
/ 찢어지는 자존감 96 / 내겐 꿈이 있어요 102
/ 그럼에도 불구하고 106 / 아직 추운 봄 112
/ 방향, 방황 118 / 틀리다 vs 다르다 124
/ 있을 수 없는 일 126 / 살아야만 하는 이유 132

5부 다시, 세상 밖으로

직장인 김성은 142 / 친정집, 제주 146 / 성공한 배우 154
/ 애증의 길 158 / 먹고 살기 힘든데 162
/ 기억을 배신하기 164 / 다시, 세상 밖으로 168
/ 베이글 그리고 나 172 / 야간 아르바이트 176
/ 돈에 환장한 부모 180 / 부러움의 부재 184
/ 같이 걸을까요? 190 / 파울로 코엘료 192

에필로그 198

1부

낡고 힘든 기억

1993년

넓고 긴 복도를 따라가면 계단이 나왔다. 햇빛이 슬며시 비추는 계단을 한 걸음씩 내려가는데 많은 시간이 걸렸다. 그렇게 끝까지 내려가면 일층에는 슈퍼가 있었다. 내 손에는 엄마가 맡겨놓은 쪽지 한 장과 몇 천 원이 들려있었고, 그것으로 우유 일 리터와 분유를 샀다.

김성은
2층
500원
서울우유 일 리터 주세요.

엄마는 이제 막 아장아장 걸음을 걷게 된 내가 목적지를 향해 잘 가고 있는지 확인했을지도 모르겠다. 하지만 손을 잡아준다거나 일으켜 세워주지는 않았다. 나는 스스로 위기를 넘기고, 넘어져도 혼자서 다시 일어났다. 부모님은 나를 그렇게 키웠다. 지금 생각하면 아찔해진다. (아무래도 미래의 나는 아이를 그렇게 키우지는 못할 것 같은데) 아무튼 난 매번 안전하게 임무를 완수하고 돌아왔다. 위험 요소가 도처에 있음에도 꿋꿋하게 발걸음을 내디딘 아가의 삶은 이때부터 시작이었다.

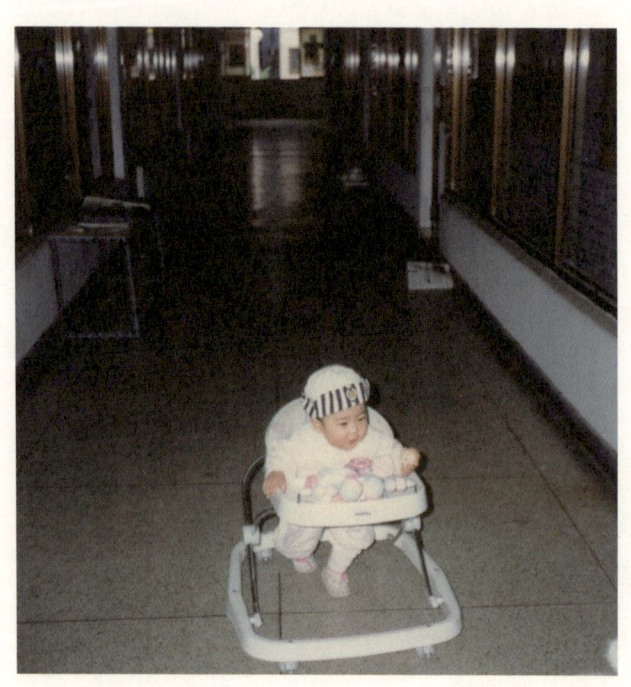

'음 역시 이 맛이야!'
오늘은 어떤 카페에서 글을 쓸까 고민하다가
커피 맛이 딱 내 스타일인
평소 자주 들르는 곳을 찾았다.

하루의 커피 첫 잔이 맛있으면
왠지 모르게 그날은 기분 좋을 것만 같은 감상에 젖는다.
특별한 일이 생기지 않아도, 그냥
좋은 에너지 파장이 왔으면 좋겠다 싶어 만들어 본 미신이다.

틀에 박히거나 정해진 공식은 끔찍하게 싫어하지만
'갈 때 가더라도 커피 한 잔쯤은 괜찮잖아?'라며
영화 대사를 외우듯 스스로를 회유한다.

마침 옆자리에 귀여운 꼬마 아가씨 부녀가
오붓하게 티타임을 가지고 있다.
아버지의 목소리에서 딸에 대한 사랑이 가득 묻어나서
나도 모르게 흐뭇한 미소가 절로 지어진다.

토마토 바질 토스트를 한입 가득 넣고 오물거리다
빨대로 커피 한 모금을 쪽 빨아들인다.
'아아 맛있어! 맛있는 건 기분이 좋아!'

이런 날은 글이 잘 쓰이지 않아도 전혀 예민해지지 않는다.
이런 날은 흐르는 그대로 충분히 좋은 날이다.

많이 걷는
아이

친구들이 유모차를 탈 때 나는 항상 어른들과 함께 걸었다. 엄마는 내가 유모차 없이도 혼자 걸을 수 있다고 했다. 돌이켜보면 어린아이가 혼자서 할 수 있는 일은 넘어지면 다시 일어나는 정도뿐이었다. 물론, 나는 그런 내 할 일을 다 했고, 유모차에 타지 않아도 괜찮다고 생각했다. 아마 또래 아이들 중에 나 혼자만 유모차를 타지 않았으니 먼저 지치고, 가장 뒤처졌을지 모른다.

그래도 무슨 일인지, 사진에는 세상 당찬 꼬마 아가씨가 찍혀 있다.

꿈은
클수록 좋다

내가 아직 엄마 뱃속에 있었을 때. 태교로 엄마는 동화책을 읽어주셨고, 아빠는 엄정행 성악가의 '선구자'라는 노래를 불러주셨다. 엄마와 아빠는 이제 곧 세상에 나올 아이의 모습을 상상하며 그 당시 가장 인기 있던 배우 강수연과 같은, 아름다운 눈과 눈썹을 가진 아이를 소망하셨다고 한다.

그런 바람 때문이었을까. 눈썹과 속눈썹만큼은 기가 막히게 달고 태어나서 고칠 필요가 없었다. 가끔 지인들과 성형에 대한 이야기가 나오면 "전 눈 빼고 다 했잖아요"라며 너스레를 떨기도 한다. 이 일화는 꿈과 소망은 크게 가질수록 좋다는 개인적인 견해가 담겨있다.

왜 예쁜 눈만 원하셨나요, 어머니...! (오열)

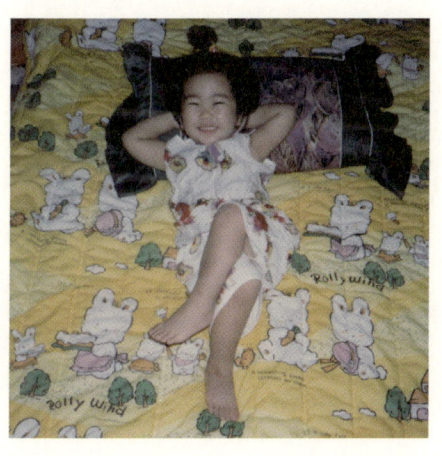

낡고 힘든 기억

낡고 힘든
기억

나의 어린 시절은 평안하면서도 불우했다. 유원지나 놀이공원에 놀러 갔던 기억이나, 부모님이 오붓하고 화목했던 시간도 길지만 어째서 내 머릿속에는 부정적인 부분이 더 강렬하게 심어져 있는지 모르겠다.

'쨍그랑'
'와장창'

깊은 밤 날카로운 소리가 울려 퍼진다. 상이 엎어지고 음식들이 바닥에 쏟아져 내린다. 깨진 뚝배기에서 흘러나오는 된장찌개의 구수한 냄새와, 김치의 시큼함. 그리고 산산조각 난 소주 병과 잔에서 나오는 독한 알코올의 향이 온 집을 뒤덮는다. 깨진 유리조각을 밟은 엄마의 발에서는 세상에서 가장 붉은 피가 흐른다.

어린아이의 구급차를 불러달라는 목소리가 천장 높이 닿아도 나와서 살펴보는 이는 아무도 없다. 엄청난 무력감과 함께 밀려오는 두려움. 고작 네다섯 살밖에 되지 않았던 나의 어느 날의 기억.

언젠가부터 아빠는 술을 절제하지 못하셨다. 기쁘면 기뻐서 드셨고, 일이 잘 안 풀리는 날은 속상해서 드셨다. 부모님이 행복하지 않으면 나도 행복하지 않았다. 부모님이 다투실 때면 그 작은 몸짓으로 있는 힘껏 말리다가 결국 구석에서 벌벌 떨며 지켜볼 수밖에 없는 일이었다. 크게 울면 더 화가 나실까 무서워 터져 나오는 울음을 애써 억눌러가며 닭똥 같은 눈물만 뚝뚝 흘리곤 했다.

우리 집에서 가장 가난한 사람은 엄마였다. 가난한 집의 둘째 딸로 태어나, 가난하게 결혼하여, 가난한 육아를 했다. 아빠가 제때 생활비를 가져다주지 않으니 종종 부업도 했고, 동네 친한 아줌마네 미용실에서 롯드 마는 아르바이트를 하기도 했다. 행복한 결혼생활을 원하셨을 텐데, 그러지 못한 현실 앞에서도 엄마는 언제나 밝고 씩씩한 모습이었다.

나는 예의 바르고 발랄한 성격이었지만, 친구들이나 처음 보는 사람들 앞에서는 지극히 소심했다. 의사 표현을 제대로 하지 못했고 친구들 사이에서도 겉돌기 일쑤였다. 화가 나거나 속상하면 무조건 울기만 했다. (아직도 몰래 울곤 한다.) 사람들이 흔히 생각하는 '미달이'의 모습과는 상반된 모습이리라. 나도 내가 태어날 때부터 소심했는지, 아니면 환경에 영향을 받았던 것인지는 아직까지도 의문이다.

내성적인 딸이지만 엄마는 세상에서 가장 나를 예뻐하며 언제나 용기를 주려 노력하셨고, 자신감과 자립심을 심어주셨다. 그런데 사고를 크게 치고야 말았다. 전 재산이던 전세금을 집주인에게 사기당하고, 살던 집에서 내쫓기게 된 것이다. 복비 아끼려고 계약서도 제대로 쓰지 않은 바람에 어찌할 수 있는 방도가 없었다. 결국 엄마의 시댁, 곧 나의 조부모님 집으로 들어가야만 했는데, 아빠는 하늘 가시는 그날까지 엄마의 허물을 그 누구도 모르게 하셨다. (이건 좀 멋있다.) 그저 본인의 사업이 잠시 어려워진 것이라고 했다.

조부모님 댁은 어느 정도 여유가 있던 터라 한동안은 큰 걱정 없이 생활할 수 있었다. 남는 단칸방에 엄마, 아빠, 나는 셋이 꼭 감싸 안고 체온을 나누며 추운 겨울을 보냈다. 그렇게 같이 붙어있으니 부모님의 애정전선도 어느 정도 회복되어가는 것이 느껴졌다. 처음 느껴보는 안정감이었다.

유년 시절의 행복은 상당히 원초적이었다. 오백 원짜리 동전 하나로 불량식품을 마음껏 사 먹고, 친구들과 놀이터에서 손바닥이 새까매질 때까지 놀거나 소풍이라도 가는 날이 다가오면 하루하루 기대에 부풀어 잠들었다.

나는 그렇게 쉬이 행복해질 수 있었지만, 부모님의 싸움을 지켜볼 수밖에 없던 슬픔도 그만큼 빠른 속도로 교차했다. 좀 더 성장을 하고서야 진정한 행복과 불행의 의미를 조금 알 수 있었지만, 행복을 충분히 행복이라 받아들이기 전에 조금 더 무서운 속도로 불행은 나를 삼켜버렸다.

잘 기억나지 않지만 나름 인생 풍파를 겪던 중고생 사춘기 시절, 집은 많이 기울었고 주머니 사정 또한 매우 딱해서 온 가족이 심연에 있던 때였다. 아버지께 일 적으로 좋지 않은 일은 도미노처럼 이어졌고 가난에 허덕이며 앓고 있던 시점. 사소한 사건이라도 내가 힘들어하면 어머니는 반드시 이 말씀을 해주셨다.
　"괜찮아, 이런 일이 생긴 건 곧 좋은 일이 오려는 신호일 거야."
　매번 이러셨다. 실제로 좋은 일이 대단히 생기지 않았지만(물론 생긴 적도 있다) 기쁘나 슬프나 일종의 마법 주문처럼 그 말씀은 마음과 머리에 자리 잡았다. 반항심이 가득 차오르면 '그런 게 어디 있어. 좋아질 수 없어. 좋아질 리가 없어.'라고 속으로 단념하기도 했다. 그래도 어머니의 법칙은 내게 큰 위로가 되었고 조금이나마 세상을 긍정적으로 볼 수 있는 힘을 실어 주었다.
　어떻게 보면 아주 작은 변화의 불꽃이 내 삶을 전반적으로 바꾸어 놓았다고 봐도 무방하다. 과연 불평과 불만에 가득 찬 채로 자라왔다면 지금의 내가 존재할 수 있었을까? 장담할 순 없지만 현재의 그림과는 매우 달랐을 것이다. 오늘 하루도 그런 가르침을 주신 어머니를 생각하며 마음속으로 감사를 읊조린다.
　나는 내가 무엇을 해야 할지 잘 알고 있다.
　이 감사를 나눠주는 것. 그것을 함께 누리는 것.
　우리가 같이 그 가치의 길을 걸어가길 바라본다.

2부

순풍산부인과

Q.
어린 나이에 어떻게 그런 연기를 할 수 있었나요?

A.
사실 저는 그렇게 생각해요. 어린아이들이 자동차나 공룡의 이름을 척척 외우고, 아이 스스로 관심을 가지는 분야는 시키지 않아도 그 암기 능력이 뛰어나잖아요! 전 한참 뇌가 확장될 때 연기를 배우고 있었고 그게 실제로 제게 꽤 재미있는 놀이였던 것 같아요. 실제로는 외동이었던 탓에 작품 속 복작복작한 가족들과의 여러 상황도 즐거운 일이었고, 연출님의 세밀한 디렉팅을 비롯해 로드(운전), 코디, 매니저 일을 모두 감당하시면서도 저의 소중한 대본 선생님이 되어주신 어머니 덕분이라고 생각해요. '천재다'라는 이야기는 어릴 때나 지금이나 많이 들어왔지만(민망) 피카소의 말처럼 모든 아이들은 예술가로 태어나고, 어떤 특정한 분야에 분명히 천재성을 지닌다고 봐요. 다만 부모가 그 가능성이 무한히 확장될 수 있도록 충분한 기회를 제공해 주는 게 관건이라 생각해요.

Q.
학교생활은 어땠어요?

A.
초등학교만 네 곳을 다녔어요. 이사하며 전학 갈 때마다 새로운 친구를 사귀어야 하는 일이 쉽지만은 않았는데, 당시에는 인기가 좋아 또래 친구들이나 선생님들께서 금방 적응할 수 있도록 많이 배려해 주셨어요. 크게 어려움은 없었지만 고학년이 되면서 슬슬 시기하는 친구 몇 명이 생기기도 했어요. 그때 정말 마음이 좋지 않았던 기억이 나요.

학교 수업은 거의 빠지지 않았어요. 정규 수업은 무조건 마치고 스케줄을 잡았기 때문에 체력적으로 고되었지만 학업과 일 두 마리 토끼를 모두 잡았던 셈이죠. 작품이 끝난 후에 일 년 정도 더 방송활동을 지속했어요. 그러고 나서 휴식과 나름의 보상으로 유학을 택한 거였어요. 떠도는 이야기로는 따돌림이 심해서 도피유학을 갔다거나 하는 이야기도 있는데, 전혀 사실과 무관해요.

다섯 살의
인성교육

연기를 처음 시작하게 된 배경은 딱히 내 의지도 부모님의 의지도 아니었다. 배우가 되기 위해 연기를 배우러 간 것이 아니라 내성적이었던 내 성격을 조금이나마 교정하고자 학원을 찾은 것이었다. 당시 아버지께서 사업을 하시면서 이상벽 선생님을 알게 되셨는데, 그분께서 'MTM'을 소개해 주셨다고 한다.

MTM은 아마도 90년대에 우리나라에서 하나밖에 없는 대표 연기학원이었다. 그러나 부모님께서는 또래 친구들이 다니던 웅변학원이나 미술학원처럼 생각하시고 연기학원을 보내셨다. 워낙 아이의 인성이나 인격 등을 많이 고려하시는 분들이었다.

미취학 아동이 배울 수 있는 연기는 그렇게 거창한 무언가가 아니었다. 나이와 기수 별로 반이 나누어졌는데, 대부분 글을 읽고 쓸 수 없었기 때문에 수업의 대부분은 역할놀이와 표정 연습으로 이루어졌다.

매달 꽤 비싼 비용을 지불하고 프로필 사진을 촬영했어야 했는데 수강 초기에 비해 어느 정도의 시간이 흐른 뒤의 사진에는 놀라울 정도로 표정이 밝아져 있었다.

2년을 꽉 채워 학원을 다니며 단역 촬영도 마치 현장학습 가듯 여러 번 다니곤 했다. 대게 '전쟁터의 고아', '유치원 아이3'과 같은 역할이었다.

그런데 최근 내 유튜브 영상에 달린 댓글을 보고 깜짝 놀란 일이 있다. 언젠가 불치병에 걸린 아이 역할을 맡은 적이 있는데, 어떤 분께서 '그 당시 그렇게 슬픈 눈빛으로 연기하던 아이가 어느 날 미달이라는 캐릭터로 데뷔했을 때 놀라움을 금치 못했다'라는 댓글을 남기신 것이다. 세상에서 아무도 알지 못하는 시간을 홀로 기억하고 계셨던 것이다. 그분이 느끼셨을 놀라움은 내겐 또 다른 놀라움으로 다가왔고 아무쪼록 그분의 소중한 기억 한 곳에 나의 자리를 마련해 주셨다는 사실은 감격 그 자체였다.

개인적으로 향수를 쓰는 사람이 좋다.
너무 진하지만 않으면 남녀를 불문하고
그 사람을 기억하게 하는 좋은 기회를 주니까.
시간이 흘러 더는 못 보는 이가 있어도
그때의 향을 추억하면 당장 옆에 있는 듯한 착각에 빠지기도 한다.
난 누군가에게 어떻게 기억될까?

잘 되면
좋겠다

지방 공연을 끝내고 서울로 올라가는 차 안에서 함께 일한 동료 배우가 내게 말했다.

"성은아, 네가 다시 잘 되었음 좋겠다. 너의 연기는 아직도 놀라워… 어떻게 그 어린 나이에!"

그 말을 들으며 속으로는 많은 이야기를 해주고 싶었지만 그저 담담히 듣기만 했다.

'잘 되는 것'이라…

난 지금 나름 잘 살고 있는데, 더 잘 되어야만 할 이유가 무엇인지 스스로 되물어 보았다. 동료와 대중의 기대에 부흥하기 위해, 부모님의 자랑을 위해, 내가 사지에 힘을 쓰고선 악착같이 버티고 이겨내어 정상의 자리에 서야만 '잘 되는 것' 혹은 '잘 된 것'일까? 아니다. 적어도 나는 아니라고 말하고 싶다.

남들 눈치 보지 않고, 정해진 대로 살지 않아도 내가 가장 행복하면 그만인 것을.

조금 더 어린 날엔 참 몰랐다. 램프의 요정 지니가 나타나서 나를 짠-하고 다시금 그때의 왕관을 씌워주길 바랐으니까.

내가 전보다 하찮아(?) 보이는 인생을 살고 있을지라도 난 오늘 행복하므로 그것으로 충분하다. 오늘을 감사하게 살아낸 나에게 누구보다 힘찬 격려를 보내고 싶다.

미달
이었다

순풍산부인과 오디션은 97년 말 정도에 이루어졌다. 첫 고정 출연 오디션이라 부푼 기대와 함께 엄마 손을 잡고 룰루랄라 탄현 SBS 제작센터로 향했다. 또래 아이들과 다 같이 앉아서 감독님 질문에 대답하는 정도로 오디션은 가볍게 끝났다. 그리고 며칠 뒤 출연 확정 연락을 받았다. 우리 가족을 포함한 친척들도 크게 기뻐했던 기억이 난다. 아빠는 거금 백만 원을 엄마에게 주셨고, 그 돈으로 동대문에 가서 모두 의상을 구입하는데 썼다. 일일시트콤인데 무명이라 의상 협찬을 못 받으니 개인복이 필요했기 때문이었다.

그런데 첫째 주 촬영이 끝나고 혹독한 피드백을 받았다. 꼬마 김성은은 '미달이' 캐릭터를 소화하기에 너무 부족했던 것이다. 결국 다음 촬영에는 나오지 않아도 된다는 연락을 받았다. 그날 큰이모 집에 있었는데 엄마가 펑펑 우셔서 나도 따라 울었다. 작품에서 떨어진 것보다 엄마의 우시는 모습에 더 마음이 아팠다.

며칠이나 지났을까. 감독님께서 엄마에게 다시 연락을 해왔다. 지난 한 주간 다른 아역배우가 와서 촬영을 했지만, 다시 성은이가 '박미달' 역을 맡았으면 좋겠다고 부탁하셨다. 엄마는 완강하게 거절하셨다. 성은이에게 또 상처를 줄 수는 없다며…. 계속되는 감독님의 진심 어린 사과와 회유로 엄마의 마음은 돌아설 수 있었다.

어찌 보면, '연기력 미달'로 미달이라는 캐릭터를 얻은 것이었다. 그렇게 '순풍산부인과'는 아주 어렵게 나에게 온 작품이었다. 가끔 생각하곤 하는데, 내가 아니라 다른 친구가 그 역할을 맡았더라면 어땠을까? 나는 여느 아이들과 마찬가지로 평범한 학교생활을 하며 컸을까? 아니면 다른 작품으로 이름을 알렸을까? 참 궁금하다.

대가가
따르는 법

시행착오를 겪어서인지 재촬영에 들어갔을 땐 엄마나 나는 다시는 떨어지는 일이 없도록, 열심히 했다. 그동안 대사 한마디 뱉어보지 못한 경력의 소유자였기에 초기 회차를 보면 그렇게 어색할 수가 없다. 앞니도 갓 빠져서 발음이 줄줄 새고, 영락없는 연기 초보의 모습을 완벽히 갖추고 있다.

하지만 작품은 빠른 속도로 대중의 관심을 받았다. 삼삼오오 온 가족이 모여앉아 시트콤 순풍산부인과를 보며 하루를 마무리했다고 한다. 한번 물이 들어오기 시작하니 노 젓는 일은 일도 아니었다. 각종 행사와 광고와 뮤지컬, 음반 작업, 라디오 고정까지 쉴 새 없이 섭외가 들어왔다. 그야말로 열풍 그 자체였다. 국내는 물론 이탈리아, 러시아, 핀란드, 호주 등 다양한 국가에서 공연도 하고 촬영도 했다.

나는 열 살도 채 되지 않은 나이에 갑작스레 인기와 부를 끌어안았다. 돈이야 부모님께서 관리하셨다지만, 무언가를 가지고 싶다는 생각이 들지 않을 정도로 나는 나에게 필요한 모든 것을 가질 수 있게 되었다. 여기까지만 보면 졸부 어린이가 조금 부러워질지도 모르겠다. 실제로도 참 감사한 일이다. 어려운 국민이 대다수였던 세상 속에서 감히 상상도 하지 못한 호사를 누렸으니 말이다.

그러나 나는 내가 받은 만큼 무언가를 잃거나 내주었고 또는 단념한 채 살아야 했다. 당시에는 아버지의 사업까지

일취월장했는데, 그럴수록 우리 가족의 유대는 점점 무너져 갔다. 아빠는 거의 매일 밤 만취 상태로 집에 돌아오셨고, 부부 싸움은 '칼로 물 베기'라는 말과는 누가 보더라도 다른 양상으로 전개되었다. 두 분의 높아지는 언성과 함께 물건들이 족족 부서지는 소리를 들으며 밤을 보냈다. 제발 아무 일 없이 해가 뜨기만을 바라며 울다 지쳐 잠에 들었다. 밖에서 똑 부러지고 활발한 성격의 김성은은 밤이면 수전증을 앓으며 커다란 공포에 항복해야만 하는 아이였다.

물질은 분명히 안락한 삶을 영위하도록 도와주지만 그것이 반드시 행복한 삶을 보장하지는 않는다. 이 둘은 확실히 다른 경계선에 위치한다. '돈≠행복'의 사실을 일찍 깨우쳐서인지 지금의 나는 돈이 목적이 되고 돈이 꿈이 되는 시간을 보내지 않기로 했다. 내가 살고 있는 집 평수, 통장 잔고와 같은 숫자에서 벗어나 진성한 인생의 의미를 찾아가길 소망하고 있다.

언젠가부터 사과를 먹으면 알레르기가 돋았다. 사과뿐 아니라 복숭아, 자두, 살구 같은 과일에 모두 반응했다. 후천적 알레르기가 생긴 것이다. 한국에 돌아와 중학교를 다닐 때 엄마는 아침밥 후에 꼭 사과 한 쪽을 먹고 가라며 챙겨 주셨다. 과일을 좋아했는데 당시 매일같이 나오는 사과가 어느 순간 조금씩 싫어졌다. 그리고 그 감정이 더욱 악화되고 강화되더니 몸에서 격한 거부 반응을 일으켰다.

해리성 인격 장애라 불리는 다중인격 장애를 가진 환자들을 대상으로 실험이 이루어졌다. 이들은 각 인격에 따라 뇌파 패턴부터, 혈액순환, 심박수 그리고 알레르기 반응조차 달라졌다고 한다.

물론 나는 해리성 인격 장애를 겪고 있지 않다. 다만 알레르기가 정신적으로 많은 부분을 차지한다면, 사과 알레르기도 비슷한 경로로 생성되었을 가능성이 높다. 아쉽게도 아직 사과를 먹진 못하지만 그래도 두려움 한 장이 걷혔다. 내 마음 때문에 생긴 병이라 생각하니 언제든 다시 사과를 맛있게 베어 먹는 날이 올 수 있으리라 생각한다.

그 날을 위해 화이팅!

순풍산부인과
part 1

'순풍산부인과'는 3년을 꽉 채워 방영했다. 98년도 초부터 2000년도 말까지, 나는 국민들과 함께 자라고 성장해온 셈이다. 매주 목요일 밤에 대본이 나오면 당장 금요일부터 야외촬영에 들어갔다. 다음 날인 토요일은 오전부터 촬영을 준비했다. 리허설을 마치고 점심을 먹고 나면 끊임없는 촬영의 연속이었다. 대게 동틀 무렵 끝나거나 해가 떠있을 때 귀가하곤 했다. 촬영은 주말 내내 진행되었고 부족하면 월요일까지도 이어졌다. 가장 힘들다고 느꼈던 것은 여름, 겨울의 야외촬영이었고 세트촬영은 항상 너무 늦게(어쩌면 아침 일찍) 끝나 잠이 부족했다. 대기실에서 쪽잠을 자다 '미달아!'라고 부르는 스텝 삼촌 소리에 깨어 비몽사몽으로 연기를 했으니 혼나기도 엄청 혼났다.

지금은 미성년 배우에 대한 처우가 조금은 나아진 것으로 알고 있다. 당시에는 상상도 할 수 없는 일이었다. 어른들 촬영이 우선시 되었고 먼저 퇴근하시고 나면 나머지 젊은 배우들과 아역 배우들 씬은 새벽 내내 이루어졌다. 업계의 아동학대라거나 내 부모가 잘못했다고 생각할 수 있을 법 하다. 아직 충분히 판단할 수 없는 나이에 몰아붙인 것처럼 보일 수도 있겠다.

하지만 부모님은 애초에 내가 '스스로 선택'할 수 있는 양육 방식을 고집하셨다. 이제 막 걷기 시작한 아가에게 우유 심부름을 시킨 일을 돌아보면 나를 방치한 것이 아니라 그만큼 이 세상을 씩씩하게 살아갈 수 있도록 자립심을 길러주고자 하신 것이다.

보통 촬영장에서도 훈육과 연기 지도는 원로배우 선생님들과 감독님께서 도와주셨다. 대본을 대충 외워 가면 꾸중을 들었고 예의 없는 언행은 바로잡아주셨다. 현장은 내게 학교이자 놀이터였으니 아무리 힘들고 고단해도 부모님을 원망하는 일은 없었다.

물론, 언젠가 한 번은 피로와 스트레스가 미친 듯이 치솟은 적이 있었다.

"엄마 나 진짜 못하겠어 이제 작품 그만하고 싶어."

지칠 대로 지친 내가 말했고, 엄마는 별로 놀랍지 않다는 듯 말했다.

"그래 네가 힘들면 하지 말아야지. 그럼 성은아 지금 2층 부조정실 올라가서 감독님께 그만두겠다고 말씀드리고 와. 그리고 우리 집에 가자."

…?!

한참을 계단에 서서 고민하고 또 생각했다.

'미달이가 없어지면 순풍산부인과는 어떻게 될까? 갑자기 여기서 내가 빠지면 굉장히 난처한 상황이 될 거야. 아아…, 감독님께 말씀 못 드리겠어.'

짧은 시간에 수없이 갈등한 끝에 나는 마음을 정했다. 촬영 현장은 늘 고되었지만 생각보다 즐거운 일이 더 많았고, 이 정도로 무언가를 포기하기엔 너무 아쉬웠다. 아마 아홉 살 때의 일이었다.

국어대백과사전

어려서부터 워낙 책 읽기를 좋아했다. 글을 읽는 것도, 말을 하는 것도 남들보다 빨랐다고 들었다. 부모님도 내게 책이나 신문 읽는 것을 장려하신 덕에 책은 컴퓨터 다음으로 내가 제일 좋아하는 것이었다. 순풍이 종영한 뒤 일 년 가량은 스케줄이 많지 않았기 때문에 학업에 집중하고 친구들과 주로 시간을 보냈다.

가장 신났던 것은 드디어 대본 말고 책을 읽을 여유가 충분했다는 것이다. 나에게 처음 시간이 주어졌을 때, 나는 가장 먼저 학교 도서관으로 향했다. 여러 도서를 들고 내려놓기를 반복하다 마지막에 한 권의 책을 골라 대여했다. 마침 고학년이 되었으니 고차원적인 책을 읽고 싶었다.

고민을 반복하다 집어 든 책은 바로 국어대백과사전이었다.

호기롭게 빌려서 나왔는데 집에 가서 펼쳐보니 대단히 잘못된 것을 그제야 알아챘다. 방에는 나 혼자였는데 어찌나 민망하던지. 그래도 가져왔으니 조금 읽어보자 싶어 'ㄱ'부터 글씨를 따라 내려갔다. 한 면을 다 보기 전에 '이걸 왜 읽어야 하지?' 의문이 들어 바로 덮었다. 다음날 아주 조심스럽게 주위 눈치를 보며 빠른 속도로 반납에 성공했다.

사랑한다면
보듬어주세요

비단 촬영만 힘들었던 것은 아니다. 배부른 소리로 들릴지 모르겠지만 너무 어린 나이에 갑자기 찾아온 대중의 큰 관심은 오히려 감당하기에 너무 벅찼다. 초등학교부터 고등학교 입학 후 새 학기가 되면 매번 전교생은 나를 보려고 반 앞에 인산인해를 이루었고, 하굣길을 따라오는 학생들도 있었다. 한참 활동할 당시에는 전국적으로 팬 싸인 행사가 특히 많았는데 어른들이 귀엽다며 볼을 꼬집고 머리카락과 심지어 속눈썹까지 잡아당기는 바람에 그 스트레스는 이루 말로 할 수 없었다. 한두 사람이면 아프지 않았을 것이 그 수가 매번 수십, 수백 명에 달했으니 가끔은 너무 예민해져 "하지 마세요!" 하고 외쳐도 봤는데 어떤 아주머니의 돌아오는 싸늘한 대답은 나를 경악하게 했다.

"얘, 너 팬 서비스해야지~ 쯧쯧."

어찌나 그 말이 뇌리에 박혔는지 '난 불편함을 표현하면 안 되는구나', '그냥 참아야 하는구나'라는 결정이 마음속 생채기로 남았다. 불과 몇 년 전까지도 떨쳐내지 못했지만 지금은 다 괜찮다.

순풍산부인과
part 2

촬영하며 차마 웃지도 울지도 못할 일들이 많았는데 그중 기억에 남는 몇 가지를 적어 본다.

1) 평상시 나는 박미선 선배를 '미선이 엄마'라고 불렀다.

2) 가족들이 다 같이 밥 먹는 씬이 많은데 나오는 식사가 항상 맛있었다. 매번 감탄하며 먹었다. 진정한 집 밥의 맛이었다.

3) 추운 어느 겨울. 놀이터에서 야외 촬영을 하는데 그날따라 해도 없고 너무 추웠다. 오들오들 떨며 촬영을 하다 긴급 연기된 적이 있었다. '정배'역을 맡은 친구가 몸이 거의 얼어버려서 대사를 할 수 없었던 것. 그 친구에겐 미안하지만, 사실 엄청 고마웠다.

4) 뷔페 음식을 먹으려고 비를 맞으며 뛰는 장면이 있다. 초가을이었는데 물차로 비를 뿌려 촬영을 했다. 하루 종일 찍는 바람에 마지막엔 입술이 파랗게 되었다고.

5) 방송국 로비와 촬영장 바닥은 매끄러워서 킥보드와 롤러블레이드 타기에 매우 좋았다.

6) 대기실에 비치된 소화기가 너무 궁금해서 식사시간에 사람들이 자리를 비워 아무도 없을 때 몰래 설명을 읽고 대기실에 분사해버렸다. 하얀 가루로 난리 통이 되어 버렸고 엄마는 관리 직원 분께 소화기 값으로 3만 원을 드렸다. (그날 엄마한테 얻어맞았는지는 기억이 나지 않는다)

7) 송혜교 언니는 보통 말할 때 말머리에 '혜교'를 붙였다. 그게 너무 사랑스러워 보였다.

    Ex. "혜교 여기 있어요~"

3부

아오테아로아

Q.

어린 시절 장래희망은?

A.

저는 꽤나 큰 꿈을 꾸었어요. 성인이 되면 배우가 아닌 다른 직업을 갖고 싶었어요. 초등학생 때는 판사가 되고 싶더라고요. 타인을 동정하는 것은 좋지 않지만 연민과 같은 감정은 풍부했어요. 나쁜 사람들은 벌주고, 어려운 사람들은 도와주고 싶었죠. 조금 더 크고 나서야 알았지만 판사는 누구보다 냉철해야 하기 때문에 사실상 제 성향과는 맞지 않았던 거예요.

뉴질랜드 유학 당시에는 여러 취미와 특기를 길렀는데 그중 승마를 가장 좋아했어요. 그때는 승마 선수가 되고 싶었어요. 하지만 급히 한국에 돌아오게 되면서 마주한 현실은 너무 차가웠죠. 결국 승마는 마음속에 고이 접어 넣어두고 학업에 집중했어요. 그러던 중 제게 터닝포인트가 되는 일이 찾아와요. 다시 배우의 길로 걸어갈 수 있도록 저를 찾으신 분들을 만나게 돼요.

칭찬의 부작용

자라나는 새싹에게 무한한 칭찬과 용기를 북돋아줌이 심리적으로 긍정적인 영향을 끼친다는 사실은 누구나 알고 있을 테다. 그런데 이런 좋은 의도에도 맹점이 있다. 최근에 웹 서핑 중 어떤 글을 읽게 되었다. 칭찬의 부작용으로 학생 스스로를 교만하게 만들 수도 있다는 것. 반대로,

'진짜 천재다. 대단해!'라는 칭찬이 학생으로 하여금 '다음엔 더 잘해야 된다'와 같은 '부담'으로 다가와 항상 완벽함을 추구해야 한다는 생각을 갖도록 만든다고 한다. 나는 후자의 경우를 겪었다. 잘하고 못하고에 대해 정확한 개념 정립이 되어 있지 않은 상태에서 언제나 칭찬을 듣는다는 것은 마치 '실망시켜서는 안 돼.'와 같은 중압감을 주었던 것이다. 모든 행동 하나하나에 실망을 안겨서는 안 된다고 생각했다.

나를 알아볼지도 모른다는 생각에 불특정 다수에게도 그런 중압감으로, 자아를 꾹꾹 누르며 살아야만 했다. 무언가를 참는다는 것은 한편으론 숭고한 인내로 비칠 수 있지만, 한편으론 포기하고 억누르는 것에 더 가까운 일이기도 하다. 누르다 보면 생명과 공기를 가진 물질은 자연적으로 시간에 의해 팽창하고 부풀어 오르기 마련이다. 결국 내게도 제어하지 못하는 시간이 찾아오고야 말았다.

그 덕에 적게 칭찬하는 법을 배웠다. 대신 더 배려 하고 귀 기울이는 법을 찾았다. 하나를 내어주고 하나를 얻었으니

이 정도도 훌륭하다. 내가 겪은 것을 적어도 내 주변에 되풀이하고 싶지 않은 마음이 컸다. 아직도 쓸데없는 걱정에 수많은 밤을 지새우곤 하지만 결정적으로 큰 귀감이 된 이야기를 해 준 선배 언니가 있다.

"성은아, 못하는 건 당연한 거야. 왜 잘해야 된다고 생각해? 못해도 괜찮아. 그대로 자연스러워. 스스로를 부끄러워하지 않아도 돼. 따가운 소리에 인색하지 말자. 누구도 너를 너만큼 생각하진 않아."

아…! 맞아. 맞는 말이다. 어떤 사람도 내가 나를 생각하는 것과 같이 생각해 주진 않겠지. 당연한 사실인데 왜 그제서야 알았을까? 모든 사람에게 합당한 사람이 되는 것이 어째서 목표였을까? 왜 스스로를 자유롭게 펼치고 표현하지 않았을까?

큰 울림이었다. 한결 편해질 수 있었다. 그래, 내 삶이야. 내가 사는 거야. 타인의 눈보다 나에게 집중하자. 또 하나의 산과 파도 한 장을 넘게 된 기분이었다.

어떤 사람들은 왜 이리도 남의 일에 관심이 많은지 모르겠다. 누가 어디를 성형했고, 누구 집 자녀는 대기업에 취직했고, 얼마를 벌더라, 어느 집은 망했다더라… 연예인 가십거리 외에도 많고 많은 이야기가 우리 근처에서 끊임없이 소비된다. 타인에 대한 이야기를 하며 은근히 비판하고, 더 나아가 비난하며 자신의 삶은 그보다 좀 더 위에 있을 것이라는 자아도취에 빠지는 것일까?

온라인은 말할 것도 없다. 워낙 어릴 때부터 얼토당토않은 일로 오해를 받고 피해를 보며 살아와서인지 이제 내 주변에는 남 이야기를 함부로 하지 않는 사람들만 남아있다.

아무리 아니 땐 굴뚝에 연기가 난다 하더라도 대학병원에 병문안을 다녀오니 '미달이 사망' 기사가 나온 일은 웃을 일이 아니다. 그 외에도 차마 내 손으로 적을 수 없는 파렴치한, 때로는 부모님의 욕까지 서슴없이 남는 글을 읽을 때마다 가슴을 때렸다. 울다 지쳐 잠들고 또다시 울고. 온 세상이 나를 싫어하는 것만 같아서 스스로 존재 자체를 부정하며 살던 때도 있었다. 마땅한 방어막도 없던 터라 무차별적인 공격에는 속수무책일 수밖에 없었다.

누군가를 이해하기란 쉽지 않다. 솔직히 거의 불가능에 가까운 일이다. 상대방의 자리에서 생각해보는 것 자체가 쓸데없는 에너지 소비일 수도 있겠다. 그래도 조금 더 나아지는 세상을 꿈꿔본다. 나부터가 남을 평가하지 않고 그의 뒤에서나 앞에서나 부정적인 생각과 말을 뱉지 않기로 다짐한다. 앞으로 남은 삶은 전보다 덜 아팠으면 좋겠다. 굳은살은 분명 나를 담대하고 유연하게 할 것이다.

탈출구 :
유학

돈의 가치, 인기와 명예에 대하여 알지 못하는 나이였고, 그래서 그렇게 많은 사랑을 받았지만, 어린 성은이 바라는 것은 오직 단 하나뿐이었다. 단칸방에서 세 가족이 꼭 껴안고 추위를 이겨내던 그 평화가 다시 찾아오기를. 기도했다.

'오늘 밤은 조용히 지나가길. 아빠가 술에 취해 오셔도 바로 주무시길.'

심한 가정폭력과 더욱 극단적인 환경 속에서 버티며 살아낸 많은 분들께 비빌 수조차 없겠지만, 어린 마음에는 그저 내가 가장 힘든 줄로만 알았다. 연기는 둘째 치고 매일 밤 두려움에서 벗어나고 싶은 마음만 간절했다.

신께서 기도를 들으신 걸까? 어느 날, 엄마는 나직이 내게 물었다.

"성은아 너 유학 갈래?"

귀를 의심했다. 유학이라니? 이건 생각할 필요도 없는 질문이었다. 사랑하는 가족과 떨어져야 한다는 공허함보다 나를 둘러싼 여러 문제에서 벗어날 수 있다는 희망만이 보였다.

"응 엄마! 나, 가고 싶어."

그렇게 우리 모녀는 좀 더 구체적인 이야기를 가지기 시작했다.

"캐나다가 좋지 않을까? 한인도 꽤 있고 적응하기 좋을 것 같은데."

"아니, 엄마. 한국 사람 많이 없는 곳이 오히려 난 편해. 저번에 다큐멘터리 보는데 뉴질랜드라는 나라 자연이 엄청 깨끗하고 인종차별도 적은 편이래. 난 뉴질랜드 가고 싶어."

"좋아. 그럼 인터넷으로 뉴질랜드에서 어디로 가고 싶은지 한번 찾아보렴."

그렇게 생각보다 매우 간단하게 유학 준비는 시작되었다. 내 의견을 적극 존중해 주신 엄마 덕에 대화를 마치자마자 컴퓨터를 켜고 검색을 시작했다. 오클랜드, 크라이스트처치, 더니든 등 여러 도시를 찾아보고 그중에서도 한인이 많이 없을 법한 곳을 집중적으로 검색했다. 크라이스트처치 당첨! 속전속결로 정한 뒤 엄마에게 쪼르르 가서 "엄마 뉴질랜드 크라이스트처치에 가고 싶어."라고 전했다.

"오케이~ 크라이스트처치에서 가고 싶은 학교랑 지낼 곳도 찾아봐야지?"

오! 세상에…. 정말 엄마는 내게 모든 것을 위임했다. 며칠을 컴퓨터 앞에 앉아 크라이스트처치에 위치한 홈스테이, 학교를 알아보다 한 블로그를 발견했다. 학교 추천과 홈스테이, 가디언쉽(후견인제도)까지 모두 가능하다 적혀있었다. 이후 어른들과의 통화 몇 번으로 뉴질랜드 유학이 확정되었다. 준비 과정은 매우 신났다. 열심히 버텨온 시간을 보상받듯이 우리 모녀는 매일 쇼핑에 나섰다. 노트북, 헬로키티 CD 플레

이어, 새 옷과 새 신발 등. 5년이란 기간을 목표했으니 필요한 물품만 산더미였다. 차곡차곡 캐리어에 짐을 싸며 설렘과 꿈도 한 움큼씩 넣었다. 안 좋은 기억은 모두 남겨두고 떠날 생각에 마음이 벌써부터 가벼웠다.

출국하는 날 공항으로 많은 친인척 분들이 배웅을 와주셨다. 취재 카메라도 이때를 놓치지 않았다. 포옹과 짧은 인터뷰를 한 뒤 출국 심사대로 향했다. 공항은 익숙했지만 유학은 참 낯설었다. 아빠는 한국에 계시고 엄마만 함께 비행기에 올랐다. 현지 가디언을 뵙고 다시 귀국하시는 일정이었다. 열두 시간이라는 긴 비행 중 나는 조금은 흐느꼈는지 모르겠다. 아빠는 내게 만년필을 꼭 선물로 주고 싶어 하셨는데 결국 구입하지 못하는 바람에 기내에서 대신 엄마한테 시계를 받았다. 아빠가 시계라도 사주라며 주신 달러로 생애 첫 시계를 갖게 되었다. 부디 내가 없어도, 두 분이 크게 싸우지 않기만을 바랐다. 제일 큰 바람이었다.

크라이스트처치 공항에는 앞으로 나를 보살펴 주실 부부께서 마중 나와 계셨다. 날씨는 화창하고 기분 좋은 바람이 얼굴에 살랑거렸다. 머무를 집으로 향하는 차에서 밖을 내다보며 '나무가 엄청 크다!'를 연신 속으로 외쳤다. 정말 다큐멘터리에서 본 낙원 같은 뉴질랜드였다. 집 도착 후엔 짐도 풀고 정원도 구경했다. '홈스테이 엄마'가 저녁 식사를 아주

먹음직스럽게 준비해 주신 덕분에 새로 맞이한 가족들과 함께 즐거운 시간을 보냈다.

학교 입학을 앞두고 교복도 사고, 시내 구경 및 크라이스트처치에서 가장 큰 공원도 찾았다. 크다 못해 거대한 나무가 서있는 광활한 잔디밭을 밟으며 인생이 다시 시작된 것 같아 벅차올랐다. 뉴질랜드의 낮에 지저귀는 새의 소리는 천상의 멜로디였고, 밤에 달과 별은 온 세상을 비출 듯 반짝거렸다.

시간은 금세 흘렀고 어느덧 입학 날이 되었다. 반을 배정받고 교실에 앉았으나 수업 내용은 전혀 따라가지 못했다. 파닉스도 못 배워 갔으니 완전히 바위에 계란을 친 격이었다. 한국에서 배운 영어회화는 전혀 도움이 되지 못했다. 손짓 몸짓을 써가며 겨우 화장실에 가고 밥을 먹었다. 물론 의사소통이 되지 않으니 친구를 사귈 수도, 밥을 같이 먹을 수도 없었다. 힘겨운 첫날을 보내고 집으로 오니 엄마는 온데간데없이 사라지시고 쪽지 한 장이 남겨져 있었다.

사랑하는 성은아... (줄임) 너의 꿈을 활짝!

눈물이 왈칵 쏟아져 나왔다. 얼굴이라도 보여주고 가시지. 울 엄마 참 담대하신 분이다. 쪽지를 붙들고 울기를 한참, 결국 지쳐서 침대에 누웠다가 저녁밥을 먹었다. 엄마가 잘 도착하셔야 할 텐데.. 벌써부터 그리워졌다. 혼자 잘 해낼 거라고 굳건히 다짐했다. 모든 게 어색하고 처음인 그 땅에서 나는 처음으로 홀로서기를 시작했다.

아오테아로아

뉴질랜드는 지상 천국이라는 이야기가 딱 맞았다. 축복받은 사계절과 끝이 보이지 않는 푸른 초원과 진경, 대부분의 사람들이 평화롭게 생활을 즐기며, 마오리 원주민어로 '아오테아로아(Aotearoa)-길고 하얀 구름의 땅'이라는 국가명이 참으로 적절하게 느껴지는 곳이었다. 공연이나 촬영 일정으로 세계 여러 나라를 방문할 기회가 많았는데, 그중에서도 여전히 뉴질랜드는 나에게 인생나라라고 할 수 있을 만큼 그 향기는 강렬하게 남아있다.

부푼 꿈을 안고 시작한 유학 생활은 그리 오래 지나지 않아 근본적인 어려움과 마주했다. 영어를 읽고 쓸 줄 몰랐다. 회화는 '하이, 땡큐, 마이 네임 이즈' 같은 초보 중의 왕초보 수준이었으니 생각해보면 친구 사귀는 것이 힘든 건 당연지사. 무슨 패기로 영어권에 정면 돌파했는지 재미있는 일이다.

반 년 정도는 학교를 다니며 언어 향상에 전력을 다했다. 학교에서는 ESOL(영어권 밖 학생들을 위한 영어 수업)을 들었고 하교 후엔 과외를 받았다. 처음 'Flower'를 읽고, 철자를 외웠을 때의 기쁨이 고스란히 기억난다. 나도 할 수 있겠다는 작은 희망의 불씨가 타올랐다. 비록 쉬는시간이나 점심시간은 언제나 혼자였지만 꿋꿋하게 그 시간을 버텨냈다. 그리고 몇 달이 흐르고 또 반년이 조금 넘었을 무렵 어느 날 갑자기 귀가 뻥! 하고 튀었다. 그동안 웅얼웅얼 알아듣지 못했던 말들이 모국어처럼 들리기 시작한 것이다. 그때부터는 생각도 영어로 할 수 있었다. 머릿속으로 애써 문장을 만들지 않아도 영어가 술술 나왔다. 미친 듯이 책을 읽고 일기도 영어로 썼다. 신기한 일이었다.

교내 행사도 적극적으로 참여하고 듣고 싶던 수업도 잔뜩 신청해서 들었다. Speech&Drama부터 바이올린, 넷볼, 승마와 합창단 입단까지. 내 생애 가장 평온하고 꿈같던 나날이었다. 지는 노을빛을 쬐며 창고 벽에 테니스를 치고 맨발로 잔디밭도 마구 달렸다. 공원에 눕고 싶으면 누웠고 하루를 모두 보낸 후 밤하늘은 언제나 쏟아질 듯 수놓아져 있었다. 마치 '고생했다. 미달이가 아닌 성은이로 마음껏 자라렴!' 하고 온 세상이 말해주는듯했다.

외로움이 없던 것은 아니다. 아무 연고도 없는 만리타국에서 온전한 내 편을 찾기란 결코 쉬운 일이 아니었다. 대신 의지할 곳은 있었다. 학교에는 한국인이 거의 없던 터라 한인교회를 다니며 신앙을 길렀다. 매주 목사님의 설교 말씀은 큰 위로가 되었고 성경 속 가족과 떨어진 요셉을 보며 약간의 동질감도 가졌다. 찬양하고 기도하는 시간만큼은 내게 큰 위로가 되었다. 부모님께서는 내가 부족함 없이 지낼 수 있도록 물심양면으로 도움을 주셨지만 해를 거듭할수록 어둠의 그림자가 다가오고 있다는 걸 쉽게 알아챌 수 있었다. 일찍이 눈칫밥을 먹으며 자라서였을까. 뭔가 흔들리고 있는 것을 감지했다. 이 안정도 그리 오래 보장되어 있지 않으리라는 생각이 들었다. 할 수 있는 일은 기도뿐. 하지만 하나님은 결코 내가 원하고 바라는 대로만 이루어주지 않으셨다.

세 번째 부인이 낳은 딸

뉴질랜드 학교는 일 년에 방학이 총 네 번이다. 12월 긴 여름방학을 제외하면 세 번의 짧은 방학이 학기 중간중간에 있다. 보통 2주에서 3주가량 쉬는데 워낙 승마를 좋아한 탓에 방학이 되면 항상 승마캠프로 떠났다. 크라이스트처치 도심에서 셔틀버스를 타고 한 시간 정도 가면 도착할 수 있었다. 하루는 여느 때와 같이 버스를 타고 가는데 옆자리에 키위(뉴질랜드 사람) 여자애가 앉았다. 시시콜콜한 수다를 떨며 가던 중 그 아이가 내게 물었다.

"넌 몇 번째 부인의 딸이야?"

이게 무슨 소리인가 싶었다. 잠시 머뭇거리다 "음.. 난 첫 번째 부인의 딸이야. 형제는 없고 나뿐이야."라고 답했다.

"아~ 그렇구나. 난 아빠의 세 번째 부인이 낳은 딸이거든." 그는 아무렇지 않은 듯 말을 이어갔다.

문화적 충격이란 이런 것일까? 처음 들어보는 표현과 질문이었다. 아니 몇 번째 부인의 자녀라는 사실보다 친구의 당당함이 멋져서 그동안 편부모 가정이나 이혼가정에 대해 부정적인 인식을 떨칠 수 없던 내가 부끄러웠다. 지금이야 많이 나아졌다고는 해도 유교사상이 깊이 배어있는 우리 사회는 이러한 사실에 인색하기 마련이다. 절대 아이의 잘못일 수 없는 일이 세상 시선과 잣대로 인해 보호받아야 할 이들의 기를 죽이고 있다. 아무튼 그 친구의 질문은 추후 내 시야

와 관념에 큰 영향이 되었다.

수많은 부부가 '아이 때문에 살아요', '어쩔 수 없어서' 등의 사정과 이유로 이혼 도장을 찍지 못한다. 우리 부모님도 여러 번의 이혼 위기를 겪었다. 죽네 사네 마네 하면서 가정은 외줄 타는 곡예사 마냥 항상 아슬아슬했다. 내 잘못이 아니었다. 내가 태어남으로 두 분이 불행해진 것은 더욱 아닐 테다. 하지만 언제나 내 잘못처럼 느껴졌다.

만약 부모님의 권위 앞에 아무 저항도 할 수 없는 상황이라면 혹은 누구도 나를 사랑해 주지 않는다고 생각이 든다면 이는 절대 당신의 잘못이 아니다. 비가 내려야 새싹이 트듯이 언젠가는 기필코 꽃이 만개할 날이 오리라 믿는다.

갓 서른에 내 책을 잉태하게 될지 꿈에도 생각 못 했다. 나이가 아주 많아지면 그간 겪어온 삶의 무게를 나누고픈 꿈은 있었는데 버킷리스트 중 하나가 이토록 빨리 오다니!

여러 번 포기하고 수없이 내려놓으며 살아왔다. 스스로를 잃고 어두운 골목을 방황한 시간도 꽤 길었다. 그냥 모든 걸 내버리고 싶었다. 그러다 잠깐의 기분 좋은 시간이 찾아오면 또 그걸로 충분히 만족하고 위로 삼았다.

산다는 건 살아 있음에 의미가 있다고 본다. 그리고 살아있음은 특별한 부가적 치장 없이 그 자체로 엄청난 에너지를 내포하고 있다. 그게 좋은 에너지든 아니든 우리가 살아있기에 가능한 일이다.

억지로 거부해도 언젠가는 먼지가 되어 떠날 이 세상.

오늘 주어진 24시간을 최대한 나답게 살아가면 되는 것.

도중에 작은 감사라도 생기는 하루라면

당신은 누구보다 잘 살고 있다.

'보사노바가 잔잔히 흘러나오는 카페에 앉아 토스트에 아메리카노 한 잔을 홀짝이며 이 글을 적을 수 있어 행복하다. 저녁은 무엇을 먹어야 잘 먹었다고 소문이 날까?'

4부

모양이 다른 고통

Q.

눈물 젖은 빵을 먹어본 적 있나요?(웃자고 하는 소리)

A.

음… 실제로 울면서 빵을 먹은 적이 있는지 기억은 잘 나지 않아요. 아마 있던 것 같기도 하고요. 청소년기는 집이 넉넉하지 못한 탓에 아끼며 살았어요. 용돈을 모아서 4천 원 정도 하는 통닭 한 마리를 포장해서 집으로 가는 길이 그리도 즐거웠죠. 부모님은 잘 드시지 않던 기억이 나네요. 닭이 너무 작아서 맛이 없다고 하셨는데 지금 생각해보면 그 말을 그대로 믿었어요. 내리사랑을 알기엔 아직도 부족할 뿐이에요.(진지하게 대답)

Q.

스트레스 받을 때 해소하는 법은?

A.

사실 예나 지금이나 딱히 없어요. 제 방법이라면 방법이겠지만 음악 듣고, 영화 보고 그래요. 말 수가 많이 적어지는 게 특징이에요. 누구와 연락도 하지 않으며 칩거하면서 온전히 혼자만의 시간을 가져요. 그러다 보면 화(火)도 조금 가라앉고 편안해지거든요. 기억하고 싶지 않은 일은 금세 잊는 습관도 있어서 나중에 생각해보면 왜 스트레스였지? 하며 기억 못 할 때도 종종 있어요. 아 참! 글을 마구 썼어요. 나중에 읽어보면 무슨 말인지, 심경인지 알 수도 없는 글들이 잔뜩 있더라고요. 엉망진창이지만 글쓰기는 나름 스스로 자생하는 치료제가 된 듯해요.

Q.
10대로 돌아가고 싶나요?

A.
답은 네니오. 아빠를 볼 수 있어 돌아가고 싶지만 전 지금에 만족하고 싶어요. 풋풋한 그 때로 돌아가고 싶은 마음은 당연히 존재해요. 삶의 무게도 지금보다 가벼웠고요. 눈가에 주름도 없었어요(하하). 다시 미달이 때로 돌아가고 싶지 않냐는 질문도 상당히 받았어요. 첫째, 물리학적으로 불가능해서 아예 생각조차 하지 않아요. 가능한 날이 온다 해도 전 과감히 늙어갈래요!

모양이 다른 고통

2004년 2학기와 3학기 중간 방학은 홈스테이 집에서 머물렀다. 부모님 사정이 훨씬 안 좋아진 탓에 좋아하던 승마 캠프는 꿈도 못 꾸고 멍하니 거실에 앉아 텔레비전을 보고 있었다. 집으로 전화 한 통이 걸려왔고 홈스테이 아빠는 이내 전화기를 내게 건네주셨다. 우리 아빠였다! 국제 전화 통화료가 비싸 자주 목소리를 들을 수 없던 터라 기쁜 마음으로 수화기에 귀를 갖다 대었다.

"성은아…" 아빠는 다 죽어가는 중이었다.

"무슨 일 있어 아빠? 왜 힘이 없어…"

"아빠가 정말 미안해. 지금 많이 힘들어서 최대한 빨리 돌아와 줘야 할 것 같아."

이야기를 들어보니 상황은 절망적이었다. 정확한 설명은 해주지 않으셨지만 이미 홈스테이 비용이나 기타 돈들이 밀렸고, 이곳에서 나를 지내게 하기엔 하루치 액수도 더 이상 감당을 할 수 없다 하셨다. 정말 갑작스러웠다. 심장이 쿵쾅쿵쾅 뛰기 시작했다. 한 번도 어려운 내색을 하지 않던 분이라 어찌해야 할 바를 몰랐다. 결국 눈물이 왈칵 쏟아져 나왔다.

통화를 마무리하고 내 방에 들어가 한참을 울었다. 친구들, 선생님과 생이별이 슬프기도 했지만 그보다 아빠의 떨리는 목소리가 귀에서 떠나질 않았다. 도대체 얼마나 힘들길래 참다 이제서야 말씀하셨을까. 왜 진작 알려주지 않았을까.

그런 줄도 모르고 편하게 먹고 잤던 나 자신이 죄스럽고 원망스러웠다. 고국에 계신 부모님에 대한 걱정으로 슬픔은 그리 오래가지 않았다. 빠르게 정리를 해야 했다. 짐도 싸고 학교도 마무리했다. 그 주 마지막 주일예배를 드리고 모두에게 작별 인사를 한 후 집으로 돌아가는 차 안에서 밖을 내다보는데 어떤 음성이 머릿속을 강하게 울렸다.

'네가 이 아름다운 땅을 다시 못 볼 줄 아느냐, 다시 돌아오는 날 너는 아주 크게 되어 있으리라'

만들어낸 생각이 절대 아니었다. 소스라치게 놀라서 들고 있던 성격책에 빠르게 옮겨 적었다. 그래.. 꼭 다시 올 수 있을 거야. 고마웠어 뉴질랜드야! 평화롭던 시간들을 기억할게.

이튿날 비행기에 올랐다. 내 좌석을 찾아 앉자마자 다시 눈물 콧물이 줄줄 흘렸다. 옆자리에 앉은 뉴질랜드인 아주머니께서 다독여주며 자초지종을 물었다. 기내에서 내어주는 홍차에 설탕과 우유를 넣어 한잔 마시며 대화를 하니 한결 편안함을 느꼈다. 싱가포르에 도착해서 아주머니랑 인사를 하고 경유 후에 한국에 도착했다. 열두 시간의 긴 비행이었다.

공항에 도착해서 짐을 찾으니 시계는 오전 여섯시 반을 가리키고 있었다. 입국장은 썰렁했다. 오전 도착 비행기라 한산한 편이었다. 카트를 끌고 나오며 부모님을 한참 찾았는데 어디에도 계시지 않았다. '아… 늦으시는 가보다.' 하고 공항 한

편에 앉아서 퉁퉁 부은 발을 만지작거리기를 한참. 점점 공항에는 활기가 차오르고 있었다. 한 시간 동안 기다려도 오시지 않아 단단히 뿔이 난 채로 수신자 부담 전화를 걸었다. 신호음이 거의 끝나갈 때쯤 잠에 가득 찬 엄마가 전화를 받았다.

"도착했어? 미안해 엄마랑 아빠 빨리 갈게…."

그때는 전혀 알 수 없었다. 어찌나 심경이 말이 아니었으면 사랑하는 딸이 오는 시간도 놓치고 잠에서 깨지 못하셨을까.

한 시간가량을 더 기다려서 부모님을 만났다. 반가움의 포옹을 나누고 이윽고 집으로 향하는 차에서 엄마는 내게 놀라지 말 것을 당부했다. 이사한 집은 가보지 못한 터라 도대체 얼마나 나쁘길래 저런 말을 하실까 했다. 도착해보니 시내에서 완전히 벗어나 외곽에 위치한 빌라였다. 부모님은 내 짐을 들고 앞장서셨다. 그리고 계단을 내려가 반지하 집으로 들어가셨다. 문을 열고 들어서자 온갖 짐들이 집 안 가득했다. 어울리지 않는 가구가 좁은 공간에서 다닥다닥 붙어있었다. 급히 떠밀려 오신 건지, 아무것도 못하신 건지 집안 곳곳에는 먼지가 가득 쌓여있었다.

조금 더 주무시겠다는 부모님을 뒤로하고 내 방 침대에 앉았다. 더 이상 부유함은 우리에게 존재하지 않았다. 정신을 가다듬고 청소를 시작했다. 먼지 구덩이가 되어있는 집을 쓸고 닦고 쓰레기를 몇 포대나 내다 버렸다. 깨끗이 닦고 닦으며 부모님이 힘을 내시길 바랐다. 180도 달라진 환경이 어색하고 낯설었지만 이곳이 최선이었을 테니 어떻게든 정을 붙여야만 했다. 어느덧 늦은 오후가 되어 한층 밝아진 거실에 저무는 햇볕이 드리웠다. 쾨쾨한 냄새도 어느 정도 가신듯했다. 한숨 돌리고 앉아 주위를 둘러보니 생각보다 나쁘지 않았다. 이곳에서도 살아왔던 대로 잘 살아갈 수 있다고 생각했다. 공간이 달라진 것뿐 나와 우리 가족은 그대로니까 오히려 예전처럼 나도 바쁘고 아빠도 일로 바쁘셔서 얼굴 한 번 제대로 마주하기 힘들었던 날보다 낫겠다 싶었다.

　큰 오산이었다.

아무리 지금 잘 살고 있어도 항상 결과가 좋은 것은 아니다. 개울도 건너고 산도 넘으며 여행을 지속하고 있다. 중간에 부러지기도 하고 잠시 어딘가 걸터앉아 소리 내어 울기도 한다. 크고 작은 실패는 파도처럼 오지만 절대 여기서 멈출 수 없다.

앞으로도 지우지 못할 상처나 실패는 계속해서 나를 향해 올 것이다. 다만, '힘듦'의 무게는 같고 형태가 다른 것뿐이리라.

더 낮아질 곳 없는 인생을 경험했으니 또 힘들어져도 이제는 좀 더 자신 있게 맞설 수 있을 것만 같다.

엄마는
아무것도 못 해?

어느 날. 딸이 엄마에게 소리쳤다.

"엄마는 아무것도 못 해?"

엄마는 아무것도 못하지 않았지만, 너무 오랜 세월 남편과 딸을 위해 헌신했기에 갑자기 뒤바뀐 환경에서 다른 그 무엇도 할 용기가 나질 않았던 것이다.

아빠를 만나기 전, 엄마는 회사원이었다. 두 분의 사랑으로 내가 태어난 후, 엄마는 엄마가 되었다. 딸이 두 돌이 되도록 젖을 먹였고, 매일 밤 동화책을 읽어주고 동요를 불러주었다. 세상에서 가장 아끼는 보석처럼 딸을 길렀다. 하지만 가끔은 딸의 아픔을 못 본 척 눈 감기도 했다.

나에게 엄마는 슈퍼우먼이었다. 운전부터 스케줄, 코디까지 못 하는 게 없었다. 두세 사람 몫을 거뜬히 해냈다.

하지만 어느 순간 주저앉아 버린 집에서 더 이상 엄마가 빛을 발하는 일은 없었다.

그 후 엄마는 파출부 일을 시작했다.

다섯 시간 동안 빨래하고 청소하고 반찬을 만들면 손에는 삼만 원이 쥐어졌다.

그 돈을 모아 딸에게 용돈도 주고 쌀이나 생필품도 구매했다. 고맙게도 그 후, 조금 성장한 딸이 방학 때는 대신 일을 하겠다며 청소하러 나서기도 했다.

나는 지금도 가슴을 친다.
어린 마음으로 뱉은 말들을 돌이킬 방법이 없다.
엄마가 겪었을 무수히도 많은 고단하고 암울한 밤들을 다 헤아릴 수가 없다. 무력감 속에서 견뎌낸 그 시간을 차마 품에 안을 수도 없다.
엄마는 무엇이든지 다 할 수 있는 사람이었다.
엄마는 항상 슈퍼우먼이었다.
내 인생 최고의 여자.
엄마, 미안해요.
그리고 고마워요.

(엄마는 현재 주간 보호 센터에서 어르신들을 보살펴 드리며 살아가고 있다.)

오래간만에 보는 엄마와 외식을 하고 집으로 가는 길에 대뜸 물었다.
"엄마, 근데 내 나이 너무 징그럽지?"
"좀 징그럽지~ 에휴 나중에 서른다섯이 돼도 키는 더 안 자랄 텐데..."
라고 하시며 한숨을 내쉬셨다.

내가 희미하게 기억나는 네다섯 살 정도에, 엄마는 매일 날 보며 우리 애기 몇 짤? 하며 예뻐해 주셨는데 어느덧 이십여 년이 금방 지나갔다.
가끔 집에서 새치 염색을 하실 때 보이는 늘어난 흰 머리카락의 개수만큼 엄마의 세월도 더욱 짙고 깊어졌겠지.

또 한 해를 살아가는 시점에서
이런저런 옛 생각이 잔잔히 피어나는 밤

그저 우리 건강하게 오래오래 살아요 엄마.
사랑합니다.

찢어지는
자존감

무더운 여름이 지나고 중학교 2학기가 시작되는 날 편입을 했다. 어렵게 교복을 새로 맞추고 시장에서 운동화와 가방도 사 왔다. 언제나 그러했듯 전교생의 관심은 폭발적이었다. 쉬는 시간, 점심시간에는 반 앞이 인산인해를 이루었다. 교실 창밖으로 나를 쳐다보는 시선들이 부담스러워 애써 모른척하며 며칠은 지났으리라. 등 뒤에서 "야 박미달!"이라며 소리치는 학생도 많았고 혹은 삼삼오오 모여 "쟤가 미달이라며? 어쩌고저쩌고" 수근 대던 학생도 많았다. 뜨겁게 달아오르던 관심은 다행히 생각보다 빨리 진정되어 친구도 사귀고 여느 학생들처럼 학교생활을 이어갔다. 대부분의 등굣길은 엄마가 차로 바래다주셨지만 학교가 마치면 버스를 타고 집에 가야 했다.

도시에 있는 학교에 보내기 위해 엄마는 학교 바로 앞 아파트에 사시는 친구 호적에 나를 넣으셨다. 그런데 친구들에게는 그 집이 내가 살고 있는 것 마냥 말하고, 고모네 가족과 지내는 '척'하며 부끄러운 거짓말을 지어냈다. 그 동네에서 값이 나가는 큰 평수의 아파트 단지였다. 누구도 별 의심을 하지는 않았지만 반지하 빌라에 사는 것을 들킬까 언제나 노심초사했다. 지금 생각하면 유난스럽다 싶은데 예민한 청소년기에 집이 형편없고 가난하다는 사실로 손가락질 받을까 두려웠다.

엄마 친구분께서는 학교 선생님으로 계시다 전업주부로 전향 후 공부방을 하고 계셨다. 수학이 많이 뒤떨어졌기 때문에 한 해 동안은 집중적으로 과외를 받았다. 모든 가족이 나를 친딸, 언니, 누나로 받아들여줘서 어렵지 않게 적응할 수 있었다. (지금도 인연을 이어나가고 있고 다시 돌이켜봐도 정말 한없이 감사한 가족이다.)

집으로 가는 버스를 탈 때는 인적이 드문 버스 정류장까지 한참을 걸었다. 버스에 올라타면 고개를 푹 숙이고 40분 정도 후 도착 안내 음성이 들릴 때까지 핸드폰만 만지작거렸다. 교복에 학교 명찰이 박음질되어 있어 나중에는 떼어내서 옷핀으로 고정하고 다시 떼기를 반복하며 내 정체가 드러나지 않기만을 바랐다. 부단한 노력을 했음에도 아직 앳된 '미달이'의 얼굴이 남아있어 사람들은 모르려야 모를 수가 없었다. 다른 건 몰라도 길거리에서 내 등을 치고 도망가며 웃던 사람들과, 뒤에서 극중 배역 이름을 크게 부르며 놀림을 당하던 것만큼은 참기 힘들었다. 중학교 생활을 하며 사춘기가 급한 발걸음으로 찾아왔고 간간이 온라인 커뮤니티나 기사로 올라오는 내 사진에 달리는 인신공격성 악플을 읽으며 자존감은 바닥을 쳤다. 우리 가정이 내려앉을 때 나도 같이 가라앉고 있었다.

부모님은 충분히 어려운 상황을 겪고 계셔서 답답한 마음을 전할 곳이 없었다. 친구들에게 내 인생을 이해시켜 위로받고 싶지도 않았다. 좋지 않은 이야기를 여기저기 말해서 부담을 주는 건 나답지 않다는 생각이 들어 오롯이 홀로 견뎌내고 그저 참기만 했다. 유일한 속풀이는 일기를 쓰고 음악을 들으며 가사에 위로받는 것, 기도하며 내 마음을 모조리 털어놓는 일뿐이었다. 그러던 어느 날 한계점에 부딪혔다.

감정적으로 매우 불안했던 시기에 한 다큐멘터리 프로그램에서 연락이 왔다. 몰라도 너무 몰라서 그리 무거운 내용으로 방영이 될지도 모르고 선뜻 출연에 응했다. 인터뷰가 정말 많았는데 전후 사정없이 죽고 싶은 심정이라 말했으니 방송국 입장에서 이보다 좋은 떡밥은 없었을 것이다. 구체적인 집안 사정 이야기는 차마 하지 못하고 사춘기를 겪던 어두운 면에 대해서만 이야기한 내 잘못이다. 방송이 나간 뒤 후폭풍은 대단했다. 포털 사이트 검색어 1위는 물론이고 기사가 줄줄이 쏟아졌다. 대중은 너무 달라진 '미달이' 김성은을 받아들이지 못했다. 귀엽고 깜찍해서 한대 쥐어박고 싶은 마음도 들게 했던 아이가 갑작스럽게 인생에 대한 회의를 토로했으니 말이다.

응원하는 글도 있었지만 대부분이 '감사할 줄 모른다', '못생긴 년 꺼져라' 등 수많은 비난이 날것으로 내리쳤다. 부모님은 말이 없으셨다. 어떠한 위로도 내게 쉬이 건네지 못하셨다. 그만큼 두 분에게도 충격적인 일이었다. 그저 착하고 예의 바르게 잘 키웠다 생각한 내 딸이 죽고 싶다 못해 입에 담기도 어려운 말을 내뱉었으니 말이다. 그렇게 한번 뱉은 말은 영원히 주워 담을 수 없었다. 긍정의 단어는 참 빨리도 잊히는데 부정의 단어는 그렇지 않다. 실제로 방송에는 평범한 중학생의 학교생활과 친구들과 대화를 나누는 일상의 모습도 담겼지만 사람들은 가장 자극적이게 다가온 부분만을 오래 기억했다.

내 의도와는 완전히 벗어난 연출이었으나 돌이킬 수 있는 방법은 없었다. 제물을 자처했으니 당연한 결과였다. 몇 날 며칠을 울었다. 안 보면 그만인 것을 보면서 울고, 잠들기 전에도 울고, 모든 게 잘못된 것만 같았다. 내 존재를 부정하고 싶었다. 누군가에게 못된 말을 하며 상처 주고 살지 않았는데 당시엔 어린 마음에 왜 나는 이토록 미움을 받나 생각했다. 슬픔을 주체할 수 없었다. 내 잘못이었으니까. 감사하지 못한 내 잘못, 예쁜 얼굴로 성장하지 못한 내 잘못, 유학을 택하는 바람에 작품을 이어나가지 못한 내 잘못. 내 선택은 완벽히 완전한 잘못이었다.

다시 방송의 길로 갈 수 없었다. 사람들은 날 원하지 않았고 나 또한 조용히 살아가고 싶었으니 일맥상통 되어버린 셈이다. 어느 날 환대를 받다 갑자기 어느 날 거절당했다. 너무 빨리 일어난 일이었다. 그때만큼은 시간을 옛날로 되돌리고 싶은 마음도 있었다. 억울했으니까. 열심히 연기해서 사랑을 받다 갑자기 집은 주저앉고 어느 순간 놀림거리가 되어버린 내 삶이 애처로웠다. 내 상황보다 훨씬 불우한 사람이 많은 걸 알지만 그때는 누구보다 나 자신이 가장 힘들었다.

    가난의 굴레가 계속되던 어느 날 누군가로부터 연락을 받았다. 그 일로 예기치 못하게 인생에 첫 터닝포인트를 맞게 된다.

내겐
꿈이 있어요

일찍 배우의 삶을 살아보았으니 내겐 이루고픈 다른 꿈도 있었다. 아쉬운 점이라면 더 이상 현실성이 없어지는 까닭에 여러 번 좌절의 시간을 지냈다. 다시 배우의 길을 걷기엔 나 자신이 볼품없다 느꼈고 더 이상 세상은 나를 궁금해하지 않을 거라 생각했다. 나 스스로 마음의 문을 굳게 닫아버렸다.

그럼에도 그날은 왜 그랬을까? 학교가 방학을 한 어느 추운 겨울날, 홀로 거실에서 이불을 뒤집어쓰고 차가운 코를 훔치며 텔레비전을 보고 있었다. 연말이면 연예계는 온통 축제다. 연기대상, 연예대상, 영화제 등 한 해를 빛낸 스타에게 상을 주고 이 자리에 오기까지 얼마나 힘들었고 또 감사한지 울먹거리는 모습을 볼 수 있다. 나도 저곳에 있었다. 복권처럼 아무도 모르게 찾아온 행운이었지만 처음 연기대상 아역상을 수상할 때를 생생히 기억하고 있다. 어찌나 당당하고 자신감이 넘치는 모습으로 수상소감을 말하던지, 지금 봐도 솔직히 재미있는 친구다.

다시 겨울로 돌아가서 이불에 돌돌 말려있는 나를 보자. 집은 어둡고 추웠지만 뭉클하고 뜨거운 감정이 가슴에서 소용돌이쳤다. 왠지 모르게 다시 저곳으로 가고 싶었다. 사랑받던 시절이 그리웠나 보다. 언젠가는 꼭 다시 저 자리에 설 수 있으리라 마음속으로 되새겼다. 그러나 현실의 벽은 높았다. 어디서부터 매듭이 풀릴지 알 수 없었다.

인생은 내게 기다림을 주며 단련시켰다. 인내할 것을 권고했다. 학생 신분으로 할 수 있는 일은 학업에 매진하는 것뿐. 그마저도 참고서를 구입해서 대부분 스스로 공부해야 했지만 성적이 불행을 가져다 주진 않았다. 교내 행사도 적극 참여하고 시 교육청에서 주관하는 대회도 나갔다. 여느 학생들처럼 하루하루를 살았다.

적당한 시간이 흐르고 찾아온 기회. 극단 '모시는 사람들'에서 연극 '강아지똥' 출연 제의를 받았다. 뮤지컬은 경험이 있었지만 연극은 처음이었다. 이제껏 해온 연기와 달리 심도 있는 대본, 캐릭터 분석이 필요했다. 작품 계약을 하고 다시금 언론에 노출이 됐다. 복귀 관련 기사엔 여전히 조롱하는 댓글이 즐비했다. 두려웠지만 부딪히지 못할 이유도 없었다. 고양시 외곽부터 과천을 버스로 오가며 연습을 다녔는데 새로운 시작이 주는 설렘 덕에 피곤할 겨를이 없었다.

다시는 연기를 하지 않겠노라, 할 수 없을 것이다,라고 생각했던 과거는 이미 지나가버린 후였다. 조금 돌아왔지만 결코 늦지는 않았다. 긴 기다림이 준 선물은 꿈처럼 달콤했다. 헤매고 있는 듯 보일지라도 멈춘 적은 단 한 번도 없었다.

나를 아무런 이유 없이 싫어하던 누군가를 생각해보자.
온라인 속 악플러나
내 앞에서는 웃고 뒤에서 다른 말을 하던 친구 등.

그들은 나를 왜 싫어하는지
나는 이해할 수 없었다.

하지만 세월이 흘렀고, 내게는 작은 변화가 일었다.
살다 보니 내게도 싫은 사람이 생겼던 것이다.
누군가를 싫어한다는 것이 유쾌한 일은 아니지만
덕분에 긍정적인 깨달음 하나는 얻을 수 있었다.
'나에게 싫어하는 사람이 생긴 것처럼 나도 모든 사람을 좋아할 수는 없어. 마찬가지로 모든 사람들도 나를 좋아하기만 할 수는 없는 거야. 나를 싫어하는 사람이 있는 것은 어쩌면 당연한 일이야.'

이렇게 간단명료한 명제를 발견하기까지
얼마나 힘들었던가. 얼마나 괴로웠던가.
눈이 퉁퉁 붓도록 울고,
끓는 가슴을 붙잡고 왜 그토록 고통스러웠을까.

더 이상 키가 크지는 않아도
정신은 꾸준한 성장을 하고 있는 내가 모처럼 대견했다.
모든 사람에게서 사랑받고픈 욕구는 그저 욕심이고 이기심이다.
그 고집스러운 욕구 하나 때문에 속이 문드러지는 상황이 얼마나 많았는지 모르겠다.

그럼에도
불구하고

2006년 연극 '강아지똥'은 마치 내 모습을 거울에 비추듯 다가왔다. 아무 쓸모도 없을 것이라 생각하는 똥이 밤하늘에 아름답게 수놓은 별이 되고픈 꿈을 꿨던 것처럼. 작품을 연습하며 위로도 받고 무엇보다 무대 위에 다시 서며 말로 다 할 수 없을 에너지가 채워짐을 느꼈다.

대체 불가한 에너지였다. 연기가 천직인가 싶을 정도로 내 안에 강력한 울림이 있었다. 그래, 다시 꿈꿔보는 거야. 못할 것도 없잖아. 강아지 똥이 민들레에게 들어가 좋은 거름이 되어 피어날 수 있던 것처럼, 날아오를 때를 위해 달려가 보자 싶었다. 고등학교 진학 후 연기 입시 학원에 다녔다. 학원에 다닐 만큼 여유롭지 못했으나 아빠는 어떻게든 학원비를 마련해 주셨다.

배워본 적 없는 기초 발성부터 신체 훈련을 시작으로 독백, 즉흥연기, 상황극을 매주 연습하고 수많은 희곡과 관련 서적을 읽었다. 막혀있던 응어리가 풀리고 비로소 생긴 돌파구 덕에 심신은 자유를 얻고 더불어 불안한 심리는 안정을 찾게 되었다. 입시가 한층 가까워진 18살 겨울에는 어떠한 재단을 통해 작은 극을 올리게 되었고 그 후로 예총에 섭외되어 또 한 작품을 올릴 수 있게 되었다. 대학 수시에는 일반전형과 특별전형이 있는데 특별전형은 대게 최근 3년 이내의 작품만을 포트폴리오로 올릴 수 있었기 때문에 당시 '미달이'로 대학을 갔다는 건 정말 복장이 터지는 소리였다. (지금도 가끔 터지긴 하나 이제는 별생각 없다.)

대학로에서 두 작품을 추가로 올리고 나니 시험이 코앞으로 다가왔다. 마지막 최종 입시 연기는 서울에 있는 학원에서 두 달 가량 수업을 들었다. 매일 마지막 전철을 타고 귀가할 만큼 온 힘을 쏟아 훈련했다. 비주얼이 아닌 캐릭터 연기를 소화해야 했기에 셰익스피어의 작품 '태풍' 속 에어리얼 요정이나 '맥베스'의 마녀 세명과 같은 대본을 주로 준비했다. 어떤 시험을 완전히 망치기도 했고 어떤 시험은 1차에 합격해서 2차 시험도 볼 수 있었다. 우여곡절 끝에 딱 한 학교에 합격이 되었다.

언론은 대학 진학 기사를 내보냈다. 갑자기 인터뷰 요청이 들어오기도 했다. 사람들은 연극을 위해, 입시를 위해 준비한 시간은 봐주지 않았다. 그들은 아역 '박미달' 김성은의 방송연예과 진학이 영 탐탁지 않고 불편하기만 했다. 없는 살림 쪼개서 입시 학원 보내주신 부모님도 계시고 피땀 흘려 시험을 준비한 내가 있는데 여전히 나는 눈엣가시였던 것이다. 분하고 억울해도 어찌할 방도는 없었다. 이전처럼 참고 참을 뿐 울어도 속으로 울었다. 학비는 당연히 학자금 대출로 충당했으나 그다음 더 큰 문제가 있으리라곤 알지 못했다.

"연기라는 비전을 갖고 걸어가는 먼 길에서 제 꿈이 소멸되지 않았으면 좋겠어요.

삶이 순탄치 않더라도 말이에요."

- 2006년 어느 여름날 연극 '강아지똥'을 앞두고 인터뷰 중

아직
추운 봄

초등학교만 네 곳, 중학교 두 곳을 다닌 나는 만남과 이별에 꽤 익숙한 편이었다. 하지만 아무리 익숙하다 한들 갓 10대 중반을 살아가는 나이엔 친구와의 관계가 얼마나 중요한지 누구나 아는 사실이다. 내가 살던 동네는 고등학교 평준화가 시행되던 지역이었다. 성적이 좋든 나쁘든 지망하는 학교는 추첨으로 갈 수 있다는 뜻이다. 고대하던 1지망에 떨어지고, 같은 학교 친구들이 가장 많이 희망했을 2지망도 떨어지고 조금 거리가 있는 3지망 학교에 배정되었다. 그 학교로 가는 친구 중 친한 친구가 전혀 없어 입학식이 썩 기다려지진 않았다. 얼마나 많은 수군거림을 또 듣게 되려나, 다시 한번 동물원의 원숭이가 될 생각에 머리가 지끈거렸다.

입학 당일 새로운 반을 찾아 들어갔고, 칠판에 적힌 자리표를 멍하니 바라보다 가까이 있던 여자아이에게 어떻게 앉아야 하는지를 물었다. 처음으로 내가 말을 건넨 그 친구는 공교롭게도 현재까지 내게 절친한 친구가 되어주고 있다. 그녀의 말을 빌리자면 영화 '해리포터'에 나오는 헤르미온느 같은 머리를 한 내 첫인상이 아직도 인상 깊다 한다.(해그리드가 아니고?)

학교생활은 순조롭게 흘러갔다. 비록 친한 친구는 없던 새 학기지만 이내 친구들을 사귀었고 열일곱 살이라는 숫자는 성인에 한 뼘 더 가까워진 설렘을 줌과 동시에 조금 더 밝고 진취적인 힘을 주었다. 빌라 계약이 끝나갈 무렵 운 좋게도 학교 근처 아주 작은 아파트로 이사하게 되어 드디어 친구를 초대할 수 있으리라는 자신감도 붙은 터였다. 오래된 가구를 모두 버려야 했다. 너무 오래 끌어안고 있던 탓에 버리는 일은 수월했다. 대신 3평 남짓한 내 방에는 인터넷으로 구매한 저렴한 좌식 책상과 서랍이 들어섰다. 어쩌면 친구를 초대하기에 너무 비좁고 작은 집이었지만 반지하 빌라를 되돌아 생각하면 새 보금자리는 충분히 감사하고, 넉넉했다.

본격적으로 아르바이트를 하며 스스로 용돈을 충당했다. 벌기는 힘들고 쓰기는 더 힘들다는 사실을 이때쯤부터 뼈저리게 알았던 것 같다. 평일에 며칠은 닭갈비집에서 일하다 학교와 가까운 도시 내 빙수 가게에서 일을 하게 되었다. 음료나 빙수를 주문하면 토스트와 생크림을 무한으로 리필해주는 카페였는데 춥건 덥건 또래들은 당시 그 가게를 많이 찾았다. 4000원 언저리 금액으로 빙수 하나를 시켜서 두 명 혹은 네 명도 수다를 떨 수 있었으니 지금과는 과히 다른 풍경이다. 시간당 2500원 정도 벌었던가? 한 달에 이십만 원에 못 미치는 금액이었으나 내 처지엔 차고 넘쳤다. 매달 가계부를 쓰며 사고 싶은 옷이나 아이템을 적어두고 하나하나씩 목표를 달성해갔다. 학교 공부는 딱 학교 수업으로 만족하고 나머지는 참고서를 사서 스스로 공부했다. 사실 공부를 뛰어나게 잘하는 것엔 소질이 없었고, 성적 또한 내세울 건 외국어 영역밖에 없었다. 감사하게도 부모님은 능동적으로 삶을 사는 내게 만족해 주셨다.

반면 아빠의 혈기는 날이 갈수록 약해지셨다. 없던 말수가 더 줄어들고, 그의 어깨는 왠지 시일이 지날수록 점점 작아지는 것 같았다. 거실 겸 안방과 내 방이 딸린 집이라 부부 싸움이 있는 날은 어김없이 그 악몽을 함께 했는데 머리가 커지니 이제 아빠한테 대들고 말대꾸를 하기 시작했다. 어느 날은 내가 식칼을 꺼내 들었다. 언젠가 한 번 본 아빠의 모습을 똑같이 따라 한 것이었다. 이렇게 책임감이 없을 거면 엄마랑 헤어져 달라고, 두 분 이혼해서 편하게 사시라고 애원했다.

못을 박았다. 어떤 일탈보다 더한 대못을 가슴에 박았다. 그리고 얼마 지나지 않아 아침에 현관문 두드리는 소리에 잠이 깼다. 이윽고 여러 사람이 집으로 들어와 바쁘게 움직였다. 무엇인지 몰라도 숨을 꾹 참고 가만히 누워 자는 척을 했다. 터져버린 눈물을 막을 겨를조차 없었다. 사람들이 나간 뒤 방을 나가보니 좁디좁은 우리 집엔 빨간 딱지가 온통 가득했다.

결코 사정이 나아져서 아파트로 이사할 수 있던 게 아니었다. 아무것도 몰랐던 나는 무지했다. 무언가 괜찮아졌을 거라 알고 있었다. 아니, 그렇게 믿었다. 그러나 사실은, 그저 남은 보증금과 월 납입할 수 있는 월세에 맞춰 이사한 것뿐 그 이상도 그 이하도 아니었다.

때마침 영화와 음악은 좋은 위로가 되었다. 다양한 장르의 음악을 듣고, 영화를 보고, 없는 글 솜씨로 이것저것 항시 끄적거리며 자위했다. 그러다 문득 음악이 하고 싶어졌다. 아티스트가 되고픈 게 아니라 악기를 연주하고 곡을 쓰고 싶었다. 어릴 때 피아노를 배웠지만 딱히 흥미를 느끼진 못했다. 오히려 기타를 치면 어떨까 생각이 들었다. 언제든 지니고 다니며 마음껏 노래 부를 수 있으니까. 당시 취미반 학원비는 월 십사 만 원이었는데 엄마에게 말씀드리니 간단하게 거절당했다.

그러하다 해도 가능성은 이미 있었다. 알바비를 모은 한 달은 기타를 사고 그다음 달이 되어 학원에 등록했다. 내가 배우고 싶은 분야이기 때문에 내 힘으로 하는 건 타당했다. 때문에 더욱 기쁜 마음으로 학원에 다닐 수 있었다.

가끔은 내가 어디로 가고 있는지 혼란스러울 때가 있다.
누구를 사랑하고 있으며, 내가 무엇을 원하는지조차
도통 알 길이 없는 그럴 때가 있다.

무엇이 독이고 약인지
어떤 이가 내게 진실이고 거짓인지
스스로가 안타까울 만큼 갈피를 못 잡고
정하지 못한 채 비틀거릴 때가 있다.

하지만 항상 모든 상황은 자연스레 지나갔다.
겨울이 지나면 눈이 녹고 꽃이 피듯
자연의 순리대로, 섭리대로
애쓰지 않고 살고 싶다.

없는 것보다 가진 것에 감사하며
누가 뭐라 해도 세상은 내게 1인칭 시점이니
난 잘 할 거다.

잘 할 거야.

방향, 방황

사실 내적인 방황은 오래전부터 함께였다. 기억하기로는 대략 16살 정도부터 혼자 아무 글을 쓰거나 트랜스(강렬한 비트로 이루어진 음악 장르 중 하나) 음악을 들으며 풀었는데, 스무 살이 되자 그 참아놓은 억압이 샴페인 코르크처럼 터졌다. 과음하는 아빠가 싫었다. 정작 나는 매일같이 술을 마시고 만취되는 기분에 젖었다. 어디에 홀린 것처럼 클럽을 전전했다. 상상하고 싶지 않겠지만 담배도 오래 피웠다. 대학 생활은 내가 열심히 청춘을 바쳐 갈망하던 모습이 아니었다. 과 특성상 화려한(어쩌면 겉모습만) 성향의 동기들이 주를 이뤘고 과하다 싶을 정도로 강압적인 선배님의 후배 양성 방식은 도무지 내 성향과 맞지 않았다. 피 같은 대출을 받아 큰 금액의 등록금만 내놓고 학교와는 거리가 빠르게 멀어졌다.

스무 살이라 해도 이제 갓 고등학교를 졸업한 풋내기일 뿐이다. 하지만 성인이 되었다는 자아도취에 빠져 고삐 풀린 망아지처럼 내 스스로를 던져버렸다. '미달이'라는 어린 모습으로만 각인된 내 자체를 탈피하고 싶었을까? 그때는 부정했지만 지금 돌아보니 완전히 부정할 수 없다. 얼마 지나지 않아 클럽에서 찍은 사진은 온라인을 타고 퍼져나갔다. 수갑을 차고 술에 취해 반쯤 풀린 눈을 한 얼굴은 부끄럽게도 혼자만의 추억으로 남을 수 없게 되었다. (아마도 그때는 그런 모습이 어른스럽고 멋진 것이라 생각했다.) 한참 전부터 일찍 철들고 속 깊은 줄 알았는데, 어렵게 잘 버텨온 줄 믿었는데, 내가 밝히던 심지는 언제 그 빛을 잃는다 해도 어색하지 않을 만큼 실제로 약해빠진 것이었다. 그래도 강한 줄 믿었다. 젊음을 마음껏 즐기는 청춘쯤으로 생각했다.

이윽고 성형을 강행했다. 왜 강행이라는 단어를 썼느냐, 단어 그대로 불나방처럼 몸을 던졌기 때문이다. 턱을 깎고 코를 높이고 차마 한 번에 끝낼 수 없는 수술을 마취과 전문의도 없이 열 시간에 걸쳐 진행했다. 겁이 없어도 정말 없었나 보다. 내가 원하는 유토피아는 무엇이었을까? 어떤 곳이었을까?

대중은 기겁하고 질겁했다. 응당 그랬을 법 하다. 한때 아역 배우로 반짝 떠올랐던 아이가 성인이 되어 온통 성형으로 이질감 가득한 모습을 비추었으니 말이다. 너무 당연한 결과를 나만 받아들이지 못했다.

'왜 내가 아역 이미지를 벗고 싶어 한다고 생각하지?', '아닌데, 난 성인이 된 것뿐인데. 꼭 부정적으로 바라봐야 속이 시원할까?'

아니. 내가 틀리고 대중은 옳았다. 내가 생각한 자유와 분명한 격차가 있었다. 스스로 너무 과대평가한 나머지 무엇이 옳고 그른지 알 수 없었다. 애처롭게도 누구도 알려주지 않았다. 주위에 많은 사람이 북적거렸어도 그만한 혜안을 가진 이는 반비례했다. 어쩌면 이제는 현재라는 시간이 가장 무섭다. 지금 이 순간 나는 이전과는 다르게 변화했다고 다짐하는데 실제로 그러한지 스스로를 되돌아보게 된다. 통찰하는 힘은 언제쯤 충분히 길러질지 여전히 배워가고 있다.

틀리다 vs 다르다

먹고 마시고 춤추는 자유는 즐거웠다. 이것들을 제외한 나머지는 책임의 문제로 나를 귀결했다.

김성은이라는 이름이 알려지기 이전에 '실패한 아역배우' 곧 '미달이'가 남았다. 지금도 배우로 성공한 아역 출신 배우(실제로 성공한 아역 출신 배우라면, 성인 연기자로 잘 이어나가 왕성한 활동을 계속 해나가는 삶을 살고 있어야 한다고 생각한다)는 아니지만 2010년대 당시 나는 누가 봐도 낭떠러지로 전락한 중고 물품 중 하나였다.

부모님의 개입이 궁금할 수도 있겠다. 책의 처음을 읽어 보면 알 수 있듯 온전한 내 선택을 존중해 주셨기에 실제 내가 선택한 모든 일은 그 누구의 의견도 함께하지 않았다. 어쩌면 나를 좀 더 잡아주셨기를 바랐던 적도 있다. 지나간 일을 아무렴 후회한들 어찌 되돌릴 수 있겠나.

금방 배울 수 있는 일을 몸소 겪고 나서야 옳고 그름을 알게 되었으니 큰 소모일 수밖에 없었다. 다만, 세게 얻어터진 결과는 이론보다 확실히 제대로 뼈에 와닿았다.

사람마다 배움의 방법이나 속도는 다르다. 모두가 같은 인생을 살 수는 없는 노릇이다. 나와 같지 않다고 해서 과연 그 사람이 틀린 걸까?

다름의 차이를 인정하고 이중 잣대를 거둘 수 있는 우리가 되길 소망한다.

있을 수
없는 일

노는데 미친 희락은 짧고 강렬했다. 그 마지막은 목숨을 통째로 내어주는 것 같은 고통을 주었다.

아빠가 돌아가셨다.

유난히 평범한 날이었다. 친하게 어울리던 언니 집에 삼삼오오 모여 밥을 먹고 영화를 보려는 찰나, 그의 마지막 목소리를 들었다.
"성은아, 별일 없어? 잘 있지?"
"응~ 아빠, 나 지금 아는 언니네서 밥 먹었어. 이제 영화 보려구."
"그래 알았어. 생각나서 전화했어. 아빠가 또 전화할게."
다를 것 없는 매번 같은 일상 속 아빠의 목소리였다. 영화를 틀고 두어 번의 진동이 울렸으나 받지 않았다. 영화를 다 보고 다시 전화하면 되는 일이었으니까.

영화가 끝나고 늦은 밤까지 수다를 떨다가 어딘가 모를 찜찜함을 안고 잠에 들었다. 아빠한테 콜백을 하기엔 너무 늦은 새벽이었다. 그날 이후 평소와 같은 하루 이틀이 그저 무심하게 지났다.

며칠 뒤. 늦은 밤 또 술에 취하던 무렵 문자 한 통이 들어왔다. 보이스피싱을 의심할 만큼 늦은 시각이었다.

(xxx-xxx-xxxx)
오후 00시 00분
김포 경찰서
김병욱 씨 사망
보호자 확인 요망

이게… 뭐지? 무슨 장난이지? 서둘러 발신 번호로 전화를 걸었다.

"여보세요, 이러이러한 문자를 지금 받았는데요."
"네, 일단 진정하시고 이쪽으로 오셔서 확인을 부탁드립니다."

착오가 있겠지. 잘못 연락이 온 걸 거야. 근데 아빠는 왜 전화를 안 받을까? 아빠. 우리 아빠….

사실일 수 없다고 땅바닥을 구르다 택시에 올랐다. 서울에서 김포까지. 무슨 정신이었는지 그때까지 아닐 거라고, 우리 아빠일 리 없는데 왜 아빠는 전화를 안 받지 욕이 나왔다. 이 해프닝이 끝나면 누구든 단단히 혼을 내주리라, 혹은 타계하신 다른 분의 명복을 빌어 주리라 생각했다. 정작 신은 누구의 편도 아니었다. 냉동 보관소에 내가 제일 먼저 도착을 해버렸다. 그 탓에 홀로 그곳에 들어가 철판으로 된 서랍에서 꺼내지는 아빠를 마주할 수밖에 없었다.

아빠는 내가 본 수많은 영화의 한 장면처럼 잠들어 있었다. 다만 차갑고 딱딱했고, 더 이상 내 이름을 불러주지 않았다. 마주하고 있는 현실이, 현실이 아닌 것만 같았다. 진실이 두려워서 관계자분께 지퍼 백을 부탁했다. 아빠의 머리카락을 뽑아 그 안에 넣었다. 내가 할 수 있는 유일한 일이었다. 아빠가 나와 함께 하기를 바랐다.

오래 지나지 않아 가족들이 도착했다. 애석하게 그들도 내가 본 아빠의 모습을 볼 수밖에 없었다. 일부는 아빠의 이름을 부르며 울었고, 일부는 그저 말없이 주저앉았다. 우리에겐 생각도 할 수 없는 죽음이었다.

모든 이가 나름의 죄책감을 가졌겠지만 마지막 부재중 전화를 받지 못한, 그리고 다시 전화를 걸지 않은 내 무게는 실로 무거웠다. 아무렴 그가 혈기 왕성했어도, 부부 싸움으로 힘겹게 했어도 내 아빠였다. 그렇게 생각할 수 있을 만큼 결국엔 순한 사람이었다.

그의 마지막 순간에 내게 하고픈 말이 있었는지 아니면

정말 도움이 필요했는지 알 수는 없다. 내 나이 겨우 스무 살에 그는 내 곁을 홀연히 떠나버렸다. 이런 이별, 아픔 따위를 비할 만큼 겪은 일이 없었다. 내 방식으로는 가장 쉬운 술로 슬픔을 다스리기 시작했다.

술은 술을 마셨고 어느 순간 식사보다 술을 마시길 강요했다. 술을 마실 때에는 슬픔도 없었다. 배고픔도 없었다. 희망도 절망도 없었다.

균형이 맞추어진 삶이었다. 더 바라고, 빼고, 원하고, 원하지 않기를 원하지 않았으니까 말이다. 아빠가 존재하지 않지만 존재하는 것 같았고 그렇게 믿었다. 이때부터 세상은 내 마음대로 꾸며졌다. 한동안 칩거 생활을 유지했다. 내게 닥친 슬픔이 전일의 슬픔인지 나를 위한 슬픔인지 재보기 시작했다.

나는 붕괴하고 있었다. 조각조각 찢어져 미소도 울상도 아닌 얼굴을 하고 괴물처럼 살았다. 이성적으로 사고하고 싶지 않았다. 이해되는 일이 없으니 타인에게 나를 이해하라 할 수도 없었고, 나도 그 누구를 이해하지 않았다. 발길 가는 대로, 마음 가는 대로 꾸역꾸역 과거는 내게서 한 발자국씩 멀어져 갔다.

2004년부터 혹독한 겨울이 이어졌다.
봄, 여름, 가을조차 우리에겐 모두 추운 겨울이었다.
얼어붙은 집안과 아버지의 사업은 도무지
일어날 기미가 보이지 않았다.

"아빠.. 택시 일이라도 잠깐 하면 안 될까?
그럼 우리가 생활은 할 수 있잖아…"
"……"

아빠는 고집을 꺾지 않으셨다.
곧 죽어도 사업을 해야 했다.
그렇게 당하고, 망해도, 그 끈을 놓지 못하셨다.

아빠 같은 남자를 만나 결혼하고 싶었는데
아빠 같은 남자만 아니면 되겠다고 다짐했다.

마음은 원망과 미움과 두려움으로 가득 차올랐다.
불행 중 다행으로 배를 곯지는 않았지만 가정은 메말라가고 있었다.

아버지의 마음을 어찌 헤아릴 수 있겠냐 만은
분명 다시 좋은 모습을 보이고 싶으셨으리라.

유난히 말 수가 적던 그의 모습이 오늘따라
생전처럼 눈앞에 아른거린다.

살아야만 하는
이유

자주 보진 못해도 비슷한 유년기를 보낸 언니가 있다. 그녀의 사정도 대충 화려한 아역 배우의 길을 걷다가 집안이 무너지고 아버지가 일찍이 돌아가셨다. 공병을 주워다 팔아서 촬영장에 갈 교통비를 했다는 이야기를 들었고, 어쩌면 정말 가시밭인 그녀의 삶이 거꾸로 내겐 큰 위로로 다가왔다. 그럼에도 어엿하게 성장한 어른이 되어 살아가고 있었다.

그녀는 내게 강조했다.

"성은아, 산 사람은 살아야 해. 아버지는 어쩔 수 없지만 엄마가 계시잖니. 우리 계속 살아보자."

살아야만 하는 이유가 있었다. 아무리 내가 나를 내버리고 학대해도 다시 추스를 수밖에 없었다. 남겨진 유일한 가족, 바로 우리 엄마였다.

방황의 길 끝엔 엄마가 기다리고 있었다. 아무 내색도, 말씀도 않고, 그저 조용히 기다려 주셨다. 밑도 끝도 없이 망가지는 내 모습에도 불구하고 애석한 마음 고이 숨겨 자나 깨나 못난 딸을 위해 눈물 흘리며 기도하셨다.

살아야만 했다. 나와 엄마를 위해서도, 하늘에서 날 보고 계실 아빠를 위해서도. 더 이상 누구도 슬프게 할 수 없었다.

다시 힘을 내어 일어나 보기로 했다.
살아보기로 다짐했다.

5부

다시, 세상 밖으로

Q.
어떨 때 '이 사람이 내 사람이다' 하는 생각이 드는지?

A.

실상 힘들 때 곁에 있어주고, 밥 사주고 하는 사람이 최고죠. 하지만 전 뒤늦게 깨닫는 부분이 있어요. 당시에는 듣기 싫어도 쓴소리를 해준 사람. 그런 사람들과는 절대 멀어지는 법이 없어요.

Q.
연애관이나 결혼관은?

A.

연애의 끝이 결혼은 아니라고 생각합니다. 그렇다면 이 두 가지를 따로 떼어놓고 봐야 하느냐? 그것도 아니에요. 연애하다 보면 상대방과 아득한 미래를 꿈꾸긴 하는데 아직 이루어진 적은 없어서(크흠). 외적인 것보다 여러 가지로 비슷한 온도의 사람을 좋아하긴 해요. 결혼은 다정하고 가정적인 사람과 하면 좋겠어요. 아무래도 과거의 채워지지 못한 것을 갈망하나 봐요.

Q.

방송인이 되지 않았다면 무슨 일을 했을까요?

A.

아마 예술보다 교육과 관련된 분야로 가지 않았을까 싶어요. 지금도 관심이 많은 쪽이기도 하고요. 학교 선생님보다는 청소년 상담 같은 계통으로요!

직장인 김성은

취업난 시대에 운이 좋았다. 초봉(세전) 1500만 원을 시작으로 스물한 살에 온라인 코스메틱 회사에 취직했다. 보통 상품기획 업무를 보조했다. 홈페이지에 올리는 문안을 작성하고 오탈자를 수정하는 일을 도맡았다. 첫 세 달은 수습 기간으로 월급의 20프로에 사대보험까지 떼서 생활하기 빠듯했지만 채용되어 일할 수 있다는 것에 대한 감사의 마음이 더욱 컸다.

출근을 위해 자연스레 아침 형 인간이 되었다. 겨울엔 해가 짧아 출근 버스에 몸을 실어도 세상은 아직 캄캄했다. 그래도 버스에는 이른 아침부터 졸린 하품을 하며 일하러 가는 사람들이 가득했다.

'다들 열심히 살고 있구나. 나도 열심히 살고 있어!'

일 년을 못 채우고 코스메틱 회사에서 무역업계로 이직하게 되었다. 직원이 다섯 명 남짓한 작은 소기업이었지만 전직 매니저 일을 오래 하신 대표님의 동병상련 같은 배려로 급여도 후하게 받고 값진 교육의 기회까지 제공받을 수 있었다. 인하대학교와 한국무역협회에서 진행하는 물류 CEO 과정을 마쳤다. 분에 넘치는 일이었다.

20대 초반 직장인 김성은은 분명 꿈도 있었다. 현실에 최선을 다해 살았지만 여전히 마음 구석 한편엔 진한 갈증이 솟구쳤다. 연기를 하고 싶었다. 불러주는 곳이 없으니 달리 방도는 없었다.

내가 가진 시계가 조금 느리게 가는 것 일 거라고 생각했다. 사실 느려도 괜찮았다. 빨리 겪은 일이 많으니까, 세상은 공평했다.

당신이 못 견디게 그리울 땐
난 도무지 마음을 풀어 낼 방법을 찾을 수가 없다.

걸어가는 뒷모습의 그림자라도 볼 수 있으면 좋으련만,
너무 작아서 제대로 들리지조차 않는
목소리라도 들을 수 있으면 좋으련만,
그럴 수만 있다면 이 답답함이 조금은 덜어질 텐데.

애처롭게 쓰린 가슴만 부여잡고 주저앉아
쓸쓸한 밤을 곁에 두고 울어버리기 일쑤다.
남기고 간 사랑만이 내 심장 언저리에 두둥실 떠서
희미해져 가는 지난 시간을 애써 붙잡으려 애를 쓴다.

내가 없는 그곳은 어떠한지,
날 잊지는 않았는지,

지금은 행복한지, 궁금한 것 투성이지만 이내 꾹 참는다.
너무도 무겁고 지독한 이 그리움도 한 번 더 꾹 참아본다.

친정집,
제주

결혼도 안 한 처녀가 친정이라니. 보통 본가라고 말하지 않던가? 엄마가 들으면 섭섭할 수 있겠는데 내게는 친정집이 있다. 푸른 섬 제주도. 다시 한번 태어날 수 있게 해준 곳이다. 이전부터 많이 여행했지만 아둔하게 그동안 못 본 세상을 볼 수 있게끔 눈을 뜨게 해주고, 사랑과 용기의 목소리를 들려준 곳. 제주를 이처럼 좋아하는 데에는 특별한 사연이 있다.

2015년 6월. 배낭 하나 메고 홀로 제주행 비행기에 몸을 실었다. 4박 5일간 정처 없이 다녀볼 요량이었는데 마침 친한 작곡가 오빠가 연락을 줬다. 제주에 가면 '라마네 의식주'를 검색해서 가보라고. 베트남 음식점인데 운영하는 분이 아는 형님이라고 했다. 그분도 오랜 생활 배우의 길을 걸으셔서 만나 뵈면 좋을 거라며, 미리 얘기해놓겠노라 말해줬다.

서쪽을 여행하다 동쪽으로 넘어와서 2일차에 라마네를 방문했다. 곳곳에 아름다운 조명과 사진 그리고 '냐옹'하며 반기던 고양이 감자가 기억난다. 햇살이 가득 내리쬐는 평화로운 오후였다. 반미와 맥주 한 병을 주문하고 자리에 앉았다. 음식이 나오고 먹기 전, 성대한 의식인 사진을 찍고 나서야 식사를 시작했다.

반쯤 먹어갔을 때 주방에서 훤칠한 사장님이 얼굴을 드러내셨다. 이윽고 사모님과 함께 내가 있는 자리로 오셔서 반갑게 인사를 건네셨다.

"안녕하세요. 성은? 얘기 들었어요. 한참 오빠니까 말 놓아도 괜찮겠죠? 반미 맛은 어때?"

"엄청 맛있어요. 제주 가면 이곳에 꼭 가보라 해서 왔는데 가게가 정말 예뻐요."

사모님도 밝게 웃으며 반기셨다.

"며칠 내려와 있는 거예요? 혼자 왔어요?"

"네네 계획 없이 막 와서 돌아다녀 보고 있어요."

앉은 자리에서 한 시간가량 대화를 나눴다. 처음 보는 사람과 술술 이야기가 나오기 쉽지 않은데 원래 알고 지낸 사이처럼 마음이 편했다. '이분들 참 따스하다, 여기에 오길 잘했어.'라고 생각했다. 사람을 보며 처음으로 향기롭다 느꼈다.

사모님(이하 언니)이 라마(언니가 태몽을 꿀 때 달라이 라마를 보아서 그 후로 채영(딸)은 라마로 불리었다.)와 함께 셋이 바닷가로 나들이를 가자고 제안했다. 사장님(이하 오빠)이 가게 마무리할 동안 언니와 차 한잔하면서 이야기도 더 나누면 정말 좋겠다 싶어 흔쾌히 예스!를 외치고 우리는 세화 해변으로 나섰다. 옛 제주 집을 그대로 살려 만든 카페에 갔다. 고즈넉한 분위기가 넘실대던 그곳에서 당근케이크와 홍차를 앞에 두고 시간 가는 줄 몰랐다. 말문 트인 아이처럼 무수히 많은 이야기를 나눴다.

어떻게 살아왔는지, 지금은 어떠한지, 무엇을 좋아하며 무슨 생각을 하고 있는지에 대해 떠들었다. 무엇이 힘든지, 괴로웠는지, 앞으로 어떤 삶을 그리는지와 같은 심오하면서도, 오늘 밤에 저녁으로 어떤 메뉴가 좋을까와 같은 시시콜콜한 대화도 이어나갔다.

외동으로 자란 나는 언니나 동생들을 잘 따르고 잘 챙기는 편이다. 형제, 자매 없이 커서 비슷한 연령대나 취향, 성향을 가진 이들과 생각을 공유하는 일을 매우 좋아한다. 지금도 많은 나이는 아니지만(적지도 않고) 당시 더 어렸던 내가 경은 언니랑 벽 없이 알아갈 수 있었음은 분명 언니의 진심 어린 마음이 있었기에 가능했으리라. 어떠한 편견 없이, 가르침 없이 있는 그대로의 나를 들여다 봐주었고 우리는 그렇게 친구가 되었다.

제주는 두어 달에 한 번씩 휴식이나 일로 가곤 한다. 매번 일을 미루다 닥치면 하는 스타일 때문에 공항에 도착해서야 언니한테 전화를 건다. (민폐도 이런 민폐가 없다.)

"언니~" 말을 끝내기도 전에 언니가 대답한다. "왔어? 빨리 와~ 오늘 마당에서 바비큐 할 거야!"

짧은 텀이지만 집에 갈 때마다 무언가 항상 바뀌어있다. 끓어오르는 예술 본능으로 언니, 오빠는 만들고 그리기를 멈추지 않는다.

항상 변화해도 변함없는 사람들. 그 정의가 무엇인지 몸소 보여주시는 우리 언니, 오빠 그리고 라마까지.

우스갯소리로 여러 번 친정 같다고 하니 진짜 마음에 친정으로 자리를 잡았다.

빨리 가서 김치지짐(신김치를 씻어 물기를 뺀 후 들기름을 두르고 오랜 시간 열을 가해 만드는 지짐)이랑 집밥 먹고싶다.

한 달 만에 제주에 갔다.
책에 실을 예쁜 사진을 한가득 찍어오고 싶었는데
항상 내 편이던 제주 날씨가 잘 따라주지 않았다.

비가 오고 바람이 일다가 다시 해가 솟았다.

따스한 햇볕을 온몸으로 누리기까지 며칠을 더 머물러야 했지만
그래서 더 아름답고 소중했다.

있을 땐 모르다가 막상 필요해지니 간절하다.
인간은, 사람은 그렇게 간사하고 그런가 보다.

내 마음은 시시각각 변하고 바뀌는데,
그대로 있어주어 고맙다, 모든 것들아

강한 해풍과 몰아치는 폭풍우에 흔들려도
다시 눈부시게 피어나는 너는 그대로 아름다워라.

그대로 사랑스러워라.

성공한
배우

"자부심을 가지고 당당해지면 좋겠어. 넌 이미 성공한 배우야. 한 평생을 연기해도 단 하나의 캐릭터가 없어서 이름을 알리지 못하는 배우가 정말 많은데 이미 그 어려운 걸 이루었어."

오빠가 말했다.

사실 난 스스로를 자랑스러워하지 못했다. 커리어를 이어나가지 못했고 제대로 복귀라고 부를만한 작품도 없었으니. 게다가 역변의 상징으로 자리 잡았는데(성형까지 실패해서 이질감만 가득 주었는데) 과거의 영광에 취해 살 수만은 없잖은가. 오래도록 나 자신을 부끄러워했다.

어떤 때는 '미달이'라는 이름도, 그 꼬리표도 죽을 만큼 싫었다.

온라인에서 '넌 평생 미달이야 못생긴년'과 같은 글을 볼 때면 그 안에 갇혀 도저히 탈출할 수 없을 것만 같았다. 너무 어린 나이에 모든 것을 얻고, 너무 어린 나이에 모든 것을 돌려주는 것은 고통스러웠다.

그런 내게 중현 오빠는 평생 생각지도 못한 일침을 가했다. 내가 이미 성공했다는 것. 성공한 배우라는 것.

믿을 수 없었지만 믿고 싶었다. 어른스럽다는 말을 줄곧 듣고 자란 나는 인정받고 싶었는지도 모른다. 누구보다 성숙하다 믿었는데 내 기저에는 어른아이가 고스란히 자리했다.

눈물이 고였다. 누구도 나를 그렇게 바라봐 준 적이 없었으니까. 누군가 그런 생각을 했어도 실제로 피부에 닿아 강하게 심폐소생술을 해준 적은 없었다.

'성공한 배우, 그래. 인생 1회차 성공하고 이제 2회차 시작인데 왜 그동안 죄인처럼 살았을까.' 스스로에게 작은 위로를 건넸다.

고개 들고, 어깨 펴. 다 괜찮아. 이 세상엔 너를 응원하는 사람이 생각보다 훨씬 더 많단다.

애증의 길

공백기를 가지고 2013년에 시트콤으로 복귀를 준비할 때 엄청난 부담감이 나를 휘감았다. 잘해야만 할 것 같은 생각이 가득 지배했다. 배우가 작품에 집중하고 상대 배우들과의 호흡에 신경 쓰기보다 나를 바라볼 시청자들의 견해에만 온 신경을 곤두세웠다. 그러니 첫 촬영이 미처 시작되기도 전에 이미 마음은 너덜너덜해진 후였다. 어린 마음에 다시 저 위로 날아오르고 싶기도 했고 잘 보이고 싶었다. 무엇보다, 누구보다 잘 하고 싶었다.

꿈같이 찾아온 기회는 그렇게 조용히 왔다 소리 없이 지나갔다. 큰 주목도 받지 못했고 연기를 잘 해내지도 못했다. 그토록 염원하던 현장에 다시 설 수 있었지만 생각처럼 잘되지 않았다. 모 광고의 캐치프레이즈처럼 '생각대로' 되면 좋은데 모든 일이 그러하진 않는다. 조금 더 빨리 성공하고픈 과욕만 내려놓을 수 있다면 시간은 내게 걸어갈 힘을 허락한다. 물론 지금은 글을 쓰고 있지만 이 길이 아닌 다른 길이 펼쳐져도 언제든 반갑게 새 길을 갈 수 있지 않을까.

할리우드 배우 짐 캐리는 이런 이야기를 한 적이 있다. 본인의 아버지는 안정적인 직장을 찾아 회계사라는 직업을 선택했는데 머지않아 직장을 잃고 가족들을 위해 궂은일을 해야 했다. 이에 짐 캐리는 "좋아하지 않는 일을 선택해도 실패할 수 있다. 그렇다면 자신이 좋아하는 일을 선택하는 것이

낫지 않겠는가?"

 안정적이라 믿는 직업도 항상 안정적일 수는 없는 것 같다. 예기치 못한 일들은 계속해서 삶과 맞닥뜨린다. 불안정함 속에서 마음이 즐거운 길 쪽으로 계속해서 나아가려 헤엄쳐본다.

먹고 살기
힘든데

지금으로부터 15년 전, 우리 가족의 암흑기인 긴 터널을 지나던 때. 엄마는 매주 교회 궁휼부에서 봉사를 다니셨다. 열 명 남짓한 모임에서 궁휼부를 위한 헌금도 빼놓지 않고 착실히 하셨는데, 그 오천원, 만원이 얼마나 미웠는지 모른다.

하루는 내가 엄마한테 톡 쏘았다.

"엄마, 우리 먹고살기도 힘든데 나중에 형편 나아지면 하는 게 어때? 솔직히 우리가 도움받을 처지잖아!"

엄마는 말했다.

"지금이 아니면 할 수 없는 거야. 지금 하지 못하면 나중에 돈이 있어도 할 수가 없어. 더 어렵고 힘든 사람들과 같이 살아가자."

이해할 수 없었다. 이해하고 싶지 않았다. 좋아하는 참치 캔 하나도 살까 말까 고민을 하는데 왜 남을 도와야 하는지 그때는 이해할 수 없었다. 엄마의 신앙은 참으로 한결같았다. 그 고운 심성은 세상 한 바퀴를 돌아 그대로 엄마에게 다시 닿았다. 그때의 엄마가 아니었으면 난 아직도 타인에게 인색했으리라 본다.

불과 작년에야, 엄마한테 늦은 사과를 드렸다. 내가 너무 어려서 알지 못했노라고. 정말 감사하다고. 엄마의 딸로 태어나 자랄 수 있던 건 가장 큰 행운이라고.

그렇게 우리 모녀는 서로를 보듬었다.

기억을
배신하기

'기억을 기억한다.'는 말이 있다. 최초의 기억은 어느 순간 모습을 감추고 그 자리에 그 기억을 기억하는 기억이 자리를 잡는다고 한다. 그래서 실제로 내 글은 진실과 많이 동떨어진, 내가 기억하고 싶은 기억일 수도 있다.

이런 이야기를 꺼낸 이유는 결국 내 의지, 생각, 행동과 같은 나를 관장하는 모든 일의 열쇠는 내가 쥐고 있다는 것이다. 특히 오늘과 내일을 살아감에 있어 과거에 대한 기억은 매우 긴밀한 작용을 한다.

지금 행복한 사람은 과거를 회상하며 '그때 어려웠지만 그래도 잘 견뎌냈지.'라고 말한다. 반대로 지금 행복하지 않은 사람은 과거의 행복했던 기억으로 행복해지기 힘들다. 세상에 부딪혀 삶이 나를 굴복시켜도 '이 또한 지나가리라', '그래도 감사' 같은 우리가 익히 들어 본 긍정의 문장을 주문처럼 외워보자.

(생각은 머릿속 신경 연결로 이루어지고 이를 뉴런이라고 부른다. 뉴런은 대략 100조개 정도의 시냅스로 서로 연결되어 있는데, 2000년 노벨 의학상을 수상한 에릭 켄델 교수는 모든 생각과 인상이 뇌에서 시냅스 연결 형태로 저장되는 것을 증명한 바 있다. 긍정과 부정을 막론하고 기저에 있는 어떠한 감정이 강렬하면 신경 연결 성능이 더욱 강력해져서 그 부분에 대한 몸집을 점점 크게 만드는 것이다.)

털어서 먼지 없는 사람이 어디 있을까? 나를 어지럽히는

기억을 정리하고 좋았던 기억이 더 많은 자리를 차지하게끔 하는 것. 그리고 앞으로는 더 잘 살아갈 것을 희망하는 것. 베풀고 같이 나누는 삶을 살 거라는 것. 이것이 나를 사랑하는 사람들, 그리고 나 자신에게 건네는 유일한 약속이다.

지울 수도, 되돌이킬 수도 없는 것이 많다.
지나가버린 것에 대한 미련과 후회는 언제나 크다.
넘치도록 주어도 그 언제나 부족하고 아쉬운 법.
그러니 현재를 더욱 사랑하도록 노력합니다.
이 시간 또한 머지않아 지나가게 되니까요

다시,
세상 밖으로

2017년 초. 유튜브 개인 채널을 만들었다. 당시 해외 대학 입시 학원에 직원으로 일하고 있던 때였다. 각종 업무를 많이 맡고 있었는데, 어느 날 주간회의에서 대표님이 갑자기 유튜브를 운영해보지 않겠냐며 제안하셨다. 슬기로운 직장인이 되어 매일 정해진 루틴을 살던 내겐 뜻밖의 일이었다. 특별한 조건이 있는 것도 아니었다. 해보고 싶은 것, 만들고 싶은 영상을 찍어 올리고 편집과 기타 비용은 회사에서 부담한다 했다. 사실 처음엔 두려웠다. 다시 사람들 앞에 보이는 일이라니, 감당할 수 없을 것만 같았다. 대표님은 뛰어난 사업가였다. 유수와 같은 말솜씨와 논리로 나는 그에게 철저히 설득 당했다.

'미달이'를 어필하는 것에는 거부감이 남아 있었다. 직원들이 함께 머리를 모아 '비교요정 라라'라는 타이틀을 만들었다. 영어 이름이 라라이기도 했고, 이것저것 다양한 아이템을 사용해본 후 비교하는 (요정?)포맷으로 결정했다. 별 기대 없이 무작정 시작했다. 당시 관심 있던 셀프염색, 코골이 방지 아이템과 같은 것으로 첫 시동을 걸었다.

시작이 썩 나쁘지는 않았다. 유튜브 알고리즘을 파악하고 있진 않았지만 마케팅 업무를 보며 키워드에 대한 이해가 되어있던 상태라 제목, 내용 글, 해시태그를 적극 이용해 영상을 노출시켰다. 구독자가 조금씩 생길 때마다 너무 신기했다. 아무래도 그 '미달이' 김성은일 줄은 모르는 시청자들이 대부분이어서 호의적인 댓글에 감탄하며 답글을 쓰고 소통을 이어나갔다.

회상컨대 만약 세상 밖으로 나오길 꺼려 했다면, 주저했다면 이만큼 마음 밭이 성장할 기회는 적었을 것 같다. 아니, 성장해도 매우 느린 속도로 더디게 흘렀을 것이다. 대표님의 제안은 마치 나비효과 같았다. 작은 발걸음은 나를 뷰티 프로그램으로, 방송으로, 연극으로, 에세이로 이끌어주었다. 3년 전에는 어떤 생각조차 못 한 일이 가능하게 되었고 난 이루어냈다.

여러 사람의 도움이 있어서 가능했다. 내 마음을 다독여 준 이들, 용기를 북돋아준 이들, 나를 잊지 않아 준 이들이 있어서 걸을 수 있었고 지금도 걷고 있다.

소통에 어려움이 없는 사람들이 가까이 있고
그리고 그 사람에게 언제라도 연락할 수 있는 사이라는
그 사실이 어제는 참 안심이 되었다.
현실은 달라진 것이 없는데도 왠지 마음은 한 뼘쯤 자유롭다.

베이글
그리고 나

베이글은 이제 네 살을 넘긴 골든 리트리버 암컷이다. 이전 직장 대표님께서 키우던 개가 새끼를 낳아서 회사 한편에 보금자리를 만들어 주고 다 같이 돌보며 2개월 무렵까지 길렀다. 새끼들이 걷기 시작할 때부터 이름표를 만들어 랜덤으로 목에 걸어주었는데 신기하게도 베이글 이름을 내가 짓게 됐다. 후로 다른 강아지들이 입양을 가는 동안 베이글은 서열에서도 밀리고 어미한테도 관심받지 못하는 좀 측은한 아이였다. 무슨 생각인지 몰라도 베이글을 데려가고 싶었다. 대표님과 오랜 이야기 끝에 승낙을 얻었고 베이글은 나와 가족이 되었다.

작은 오피스텔에서 온종일 나만 기다릴 베이글이 영 마음에 쓰여 예방 접종을 완료하고부터는 애견 유치원에 보내기 시작했다. 비용이 만만치 않았지만 마땅히 책임져야 한다는 생각이 먼저였다. 베이글의 몸집은 하루가 다르게 커졌고 6개월이 지나 8개월 정도 되었을 땐 거의 성견의 모습을 갖추었다. 먹는 양도 배변 양도 어마어마했다. 다행인 건 큰 사고 없이 잘 자라주었다. 주사를 놓을 때면 묵묵히 참아냈다. 짖거나 떼쓰지도 않고, 매우 영리하고 착한 아이다.

간혹 내가 슬픈 상태로 귀가하면 조용히 옆에 와서 앉는다. 소리 내어 울면 마음이 불편한지 조금씩 낑낑대며 쳐다보기도 한다. 떠나가 버린 것들이 있어도 베이글은 항상 그 자리에 있었다.

맹모삼천지교의 마음으로 이사도 여러 번 했다. 서울 집값은 감당할 수 없었고, 이미 몸집이 30kg까지 자란 대형견을 곱게 받아줄 임대인은 하늘에 별 따기였다. 결국 회사와 50km 가량 떨어진 경기도 파주에서 우리는 2년을 살았다. 집 앞에 바로 공원도 있고 살기에는 더없이 좋았는데 도저히 출퇴근이 힘들어서 어쩌다 보니 회사를 그만두게 되었다.

베이글이 대형견이 아니었다면 중간에 기르기를 포기할 수 있지 않았을까 하는 끔찍한 생각이 들곤 한다. 어쩌면 다른 집에 입양을 보내는 일이 그리 어렵지 않았을 수도 있다. 그러나 확실한 건 사람과 사람의 인연처럼 베이글이 내게 와주었다. 이 아이를 보며 슬픈 일과 작별을 고할 수 있었고, 존재 자체는 내게 다시 일어설 힘을 주었다.

오래오래 건강하게 살아주면 바랄 게 없다.

엄마가 열심히 살아서 더 맛있는 밥 사줄게.

야간 아르바이트

파주로 이사하고 몇 개월 지나지 않아 신임 받던 직장에 사표를 냈다. 대표님도 어느 선에서 이해를 해주셨다. 버스든 운전이든 왕복 네 시간은 족히 잡아야 했기 때문이다. 다시 구직을 위해 채용사이트를 밤낮으로 봐도 마땅히 커리어를 살려 입사할 곳이 없었다. 마침 집 앞 편의점에 도시락을 사러 갔다가 새벽 시간 아르바이트를 구한다는 소식을 들었다. 바로 지원했다. 사장님은 물류 정리하는 일이 쉽지는 않다 하셨지만 세상에 쉬운 일이 어디 있을까? 며칠 뒤 첫 출근을 해서 일을 배웠고 다행히 금세 손에 붙었다.

내 가게, 내 점포라 생각하며 청소도 깨끗하게, 무거운 물건도 척척 정리했다. 힘들지 않았다. 몸은 조금 고되었지만 할 수 있는 일이었다. 오히려 어둠 속을 헤매던 시간이 더 안타까웠다. 이렇게 일할 수 있는 것에 감사했다.

그해 파주의 겨울은 유난히 혹독하게 추웠다. 밖에서 빗자루를 쓸려면 온 얼굴이 다 얼어붙는 것 같았다. 물건 정리 다음 매장 걸레질까지 하고 난 후 오뎅국물 한 잔에 몸을 녹이며 찬찬히 뜨는 해를 바라봤다. 소소한 행복이 감돌았다. 간혹 나를 알아보는 손님이 있었다. 일부는 알아도 모르는 척해주셨다. 그러나 저러나 밝게 웃으며 손님을 맞이했다. 1+1으로 판촉 중인 상품을 구매하고 하나는 아가씨 드시라며 주시는 분들도 종종 계셨다. 감사한 분들이 많았다.

행복이 뭐 별건가, 거창한가 생각이 든다. 돈은 달려가야 얻지만 행복은 언제든 손에 잡히는 곳에 있다. 바로 내 마음 속이다. 이제라도 알아 다행이다. 참 다행이야.

좋아하는 사람에게는 무언가를 바라고 주지 않는다.
주는 것만으로도 마음은 좋아지니까
굳이 다른 걸 생각할 겨를이 없다.
필요한 사람에게 무언가를 줄 때도
이 같은 마음은 변하지 않는다.

그런데 왜 일방통행이란 사실이 명확해질 때
우리는 섭섭해질까?

내가 좋아서 했는데 어느 순간
상대방이 이기적인지 아닌지 따지고 있다.

관계란 상호작용으로 이루어진다.
그렇지 않다면 그것은 관계가 아니다.
관계가 아니라면 섭섭할 필요도 없다.

어느 순간 '저 사람은 감사함을 몰라.'라는 생각이 들이닥치면
그것은 더 이상 지키거나 애쓸 필요가 없다는 증거다.

내 마음도, 그 사람도, 목적도, 처음의 순수함은 빛을 바랬으니
마음 상해하지 말고 가차 없이 잘라내자.
잘라내야 새로운 싹이 돋고 숨을 쉬고
자라날 공간이 생기기 마련이다.

"no give and take"

돈에 환장한
부모

온라인상 일부 사람들은 나의 부모님에 대해 아무 말이나 아무렇지 않게 내뱉는다. '부모가 돈에 환장해서 망친 케이스'라든지 '애가 번 돈을 사업으로 다 날려 먹은' 몰상식한 사람들로 표현한다. 돈에 환장한 부모였으면 과연 유학을 보냈을까? 돈에 환장했다면 나를 때려서라도 억지로 연기를 계속 시켰을 것이다.(실제로 여러 아역배우들이 겪는 일이다.) 내가 벌어들인 돈을 사업으로 다 날려 먹은 것도 아닐뿐더러 아빠는 유난히 검소하셨고 두 분 모두 호의호식하진 않았다.

아빠는 그저 사업할 만한 인물이 아니었다. 내가 물려받은 그의 성격처럼 아빠도 부탁에 약했고, 싫은 내색을 잘 하지 못했다. 내가 연기를 시작하기 전부터 건강식품을 만드는 공장을 운영하셨는데 이후 순풍산부인과가 인기에 오르자, 유통업자들은 시중에 '미달이 아빠'가 만든 제품이라며 비싸게 팔아 이득을 취했고 아빠의 물건값은 어음으로 때우기 일쑤였다. 그중에는 물건값도 치르지 않고 가져간 사람도 종종 있었다. 그저 상대가 앓는 소리를 하면 한없이 마음이 약해져 공과 사의 구분을 하지 못했고 좋은 거래처와 사람을 보는 혜안이 부족했다.

어떻게든 잘 살아보고 싶었을 것이다. 크게 성공하여 가족의 든든한 버팀목이 되고 싶었을 것이다. 다만, 밖에서 치이고 받은 상처는 고스란히 아빠가 감내해야 할 몫이었고 그런 아빠에게 따스한 위로를 전해 줄 사람은 없었다. 엄마와 나조차 '잘 해낼 거라고, 할 수 있다고' 말하지 못했다.

내 부모님은 돈에 환장하지 않았다. 여느 가정과도 같이 가장으로서 처자식을 잘 지키고 싶었을 뿐. 그러나 삶이 마음처럼 흘러가지 않았을 뿐이다.

초등학생 때. 아빠는 이따금씩 늦은 밤에 엄마와 나를 집 앞에 있는 참치 가게로 부르곤 하셨다. 중앙에 실장님이 회를 써시고 정사각형으로 쭉 둘려있던 다찌에 우리 세 식구는 쪼르르 앉아 내어주시는 회를 맛보며 참 많은 대화를 나눴다.

엄마와 내가 오기까지 홀로 소주 한 잔씩 기울이던 아빠의 모습.

아빠가 그날 평소보다 힘겨운 하루를 보내셨다는 걸 미리 알았다면 좋았을 텐데.

어쩌다 심신이 지칠 때면 아빠 생각이 더욱 간절해진다.

나는 이제 어른이라 그만 울 때도 됐지만 아직도 가끔은 꿈속에서 아빠를 찾다 새벽에 울면서 깬다. 사랑하는 이를 잃은 슬픔은 생각보다 크고 절망적이다. 그럼에도 난 잘 살아갈 것을 알고 있다.

그래도 오늘처럼 아빠가 그리워질 땐 이렇게 당신을 기억하며 살고 있노라고 글 한 자쯤은 적어서 남겨두고 싶다.

부러움의
부재

내겐 부러움이 없다. 아니, 부러워하는 마음이 없다.

'에이~ 그래도 어떻게 부러운 게 없겠어?'라고 할 수 있겠다. 세상엔 화려한 사람도, 물건도 많으니까. 내게 없는 것을 갖고 싶고 가진 자를 부러움의 눈으로 바라볼 수 있다. 때론 그 부러움의 감정이 순수함을 지나쳐 질투가 되고 시기가 되어버리는 경우가 있는데 나 같은 경우는 시기, 질투를 마음에 품는 게 불편해서 부러움을 버렸다. 괜히 내가 초라해지는 기분이 싫다. 각자의 자리가 있고 주어진 삶을 살아가고 있는데, 내 손에 없는 에르메스 백 때문에 우울해지는 일을 참을 수 없기 때문이다.

나라는 사람을 느끼게 해주는 건 명품 가방이 아니라 나 자체라고 생각한다. 나의 인성, 성격, 생각은 값으로 가치를 매길 수 없는 곳에 위치한다고 믿는다. 영혼이 풍족한 사람이고 싶다. 영원히.

어느 날 친한 동생이 SNS 게시물을 읽고선 내게 말했다.
"언니, 언니는 선물 하는걸 좋아하잖아. 그게 자존감이 낮다는 거래. 남에게 주면서 언니 스스로 행복을 채우는 거라고 하네? 어쩌면 조금 이기적인 것 같아."

잠시 생각에 빠졌다.
"맞아. 내게 필요한 것을 소비하는 것보다 다른 사람에게 좋은 것을 줄 때 기분이 좋아져. 내가 자존감이 낮긴 하지. 그래도 아깝지 않은걸 어떡해? 닥치고 넌 받기나 해."

그 귀한 무남독녀 외동딸로 태어나 갖은 사랑을 받고 자란 나는 원래부터 이런 성향을 가지진 않았다. 내 물건 챙기는 데에는 누구보다 뛰어났는데 집이 폭삭 주저앉고 나니 순식간에 물거품이 되어버린 '부'가 사는데 무슨 소용일까 싶었다. 쓰러지고 일어설 힘조차 없을 때 도움의 손길을 내밀어 준건 사람이지 돈 자체가 아니었다. 그 뒤로는 같이 잘 살고 같이 행복한 쪽을 지향하고 있다.

사람들과의 관계로 인해 종종 마음이 힘들어졌다. 아이러니하지만 그럼에도 사람 때문에 다시 살아날 수 있었다. 어두웠던 시간이 나를 장악하기도 했으나 선물처럼 다가온 좋은 사람들은 무엇보다 값진 귀감이 되어 주었다.

아주 오래 전 어디선가 읽었던 글귀가 떠오른다.

'지금 네 곁에 있는 사람, 네가 자주 가는 곳, 네가 읽는 책들이 너를 말해준다.'

당신은 어떤 사람인가요?

같이
걸을까요?

어느덧 여덟 살의 꼬마는 눈 깜짝할 사이에 삼십대 숙녀가 되었다. 밝고 명랑하게 살고 싶었는데 이제 와서 보니 그동안 눈물을 참 많이도 흘렸다.

수없이 자책하던 밤과 슬픔에 빠져 허우적거리던 날들은 영영 끝나지 않을 것만 같았는데, 어찌하다 보니 시간은 흐르고 결국 지나가게 되었다.

아주 길고 깜깜한 터널을 빠져나온 기분이기도 하고, 도무지 나갈 수 없다고 생각한 구덩이에서 손톱이 다 빠질 정도의 통증을 이겨내고 땅으로 올라온 것도 같다.

그동안 여러 갈래의 고생 길을 걸었지만 이제는 기쁜 일이든 힘든 일이든 함께 나눠 가며 살고 싶다. 내가 걸어온 시간이 누군가에게는 희망이 되었으면 좋겠고, 누군가에게는 작은 위로가 된다면 좋겠다. 그리고 앞으로 나에게 펼쳐질 무수한 길들도 같이 걷고 싶다.

그 길이 때로는 좁은 골목일 수도 있고, 넓고 편한 길일 수도 있다.

힘들면 잠시 앉아서 한 템포 쉬고, 서로 응원하며 우리 한 뼘만 같이 걸을까요?

파울로
코엘료

일찍이 욕을 많이 먹고살아서일까? 어느 순간 초연해진 부분이 있다. 자기합리화이기도 하고 스스로 만들어낸 방어기제일 수도 있다. 난 무차별한 부정의 소리에 귀를 닫아 버렸다. 물론 유튜브나 기사 댓글을 통해 나에 대한 못된 내용을 접할 때면 다 변론하고 싶고, 답답한 마음이 있기는 하다만 그냥 언젠가부터 포기를 해버린 것 같다.

애초에 타인을 잘 받아들이지 못하는 사람이나, 무례하며 비판적인 성격이 강한(비판하는 사람은 긍정하는 사람보다 좀 더 똑똑해 보일 수 있다고 본다. 문제는 그렇게 보이기만 한다는 것.) 사람에게 날 설명하는 것 자체가 무의미해졌다. 이미 결론을 내려놓고 편협된 시각으로 바라보는 이들을 위해 에너지를 낭비하는 건 그저 낭비일 뿐이니까. 나의 소중한 에너지와 정신 건강을 위해서라도 쳐다보지 않기로 했다.

세계적인 작가 파울로 코엘료의 생각들을 좋아한다. 수년 전 그는 자신의 소셜미디어를 통해 이와 비슷한 이야기를 했다.

'설명하지 마세요. 어차피 사람들은 듣고 싶은 대로 듣습니다.'

나조차도 그렇다. 보통 보고 싶은 대로 보고, 듣고 싶은 대로 듣는다.

꼭 설명 해야만 하는 상황은 따로 존재하지만 앞서 말했듯 무례한 비난을 퍼붓는 존재에게 쓸데없이 마음을 쓰지 않아도 괜찮다는 걸 알게 되었다.

나는 예쁜 것만 보고, 착한 말을 하고, 좋은 생각을 하는 사람으로 남고 싶다.

당신도 나와 같다면 좋겠다.

에필로그

독서를 시작할 때,
어떤 책이든 마지막 몇 페이지를 먼저 읽는 버릇이 있다.
이유는 모르겠지만 언젠가부터 생긴 습관이다.
그래서일까? 책을 마무리하며, 괜히 간결하게 쓰고 싶다.

이 책의 마지막 페이지에 도착한
당신의 마음엔 무엇이 자리할지 궁금하다.

과연 내 모습이 당신에게 어떻게 비추어졌을지,
내가 본 세상을 당신은 어떻게 보았을지.

내가 말하고자 했던 것은
행복은 '나의 마음'에서부터 시작이라는 것이었다.

이 작은 메시지가
당신에게 잘 스며들었을지.
나와 함께 걷는 시간이
당신에게는 어떠했을지.

서툰 글을 끝까지 읽어주신 것에 큰 감사를 드리고,
책장을 덮는 당신의 마음이 온기로 가득했으면 좋겠다.

2020년 봄날
김성은

초판 1쇄 발행 2020년 5월 25일

한 뼘만 같이 걸을까요?

김성은 첫 고백에세이

지은이 | 김성은
펴낸이 | 최서아
펴낸곳 | 서아책방
편 집 | 김새봄
사 진 | 배송이
등 록 | 2020년 3월 20일 제 2020-000020
주 소 | 서울시 강동구 성내동 564-9, 1층 1호
편 집 | 070-4641-8402
팩 스 | 031-294-8401
이메일 | seoa_bookstore@naver.com
홈페이지 | www.seoabookstore.com
링크트리 | https://linktr.ee/seoa_bookstore
인스타그램 | @seoa_bookstore

ISBN 979-11-967802-1-0 03810

※ 이 책 내용의 전부 또는 일부를 재사용하려면 반드시
   서아책방과 저자 양측의 동의를 받아야 합니다.